中共汕头市委党校（汕头市行政学院、汕头市社会主义学院）编著

『中国式现代化的故事』丛书·特色城市辑

张占斌 总主编

瞧见特别

中国式现代化的汕头故事

中央党校出版社集团
国家行政学院出版社

图书在版编目（CIP）数据

瞰见特别：中国式现代化的汕头故事 / 中共汕头市委党校（汕头市行政学院、汕头市社会主义学院）编著. 北京：国家行政学院出版社，2024.12. --（"中国式现代化的故事"丛书 / 张占斌主编）. -- ISBN 978-7-5150-2968-9

Ⅰ.D676.53

中国国家版本馆CIP数据核字第2024NB3314号

书　　名	瞰见特别——中国式现代化的汕头故事
	KANJIAN TEBIE —— ZHONGGUOSHI XIANDAIHUA DE SHANTOU GUSHI
作　　者	中共汕头市委党校（汕头市行政学院、汕头市社会主义学院）　编著
封面摄影	黄汉明
统筹策划	胡　敏　刘韫劼　陈　科
责任编辑	宋颖倩　刘　锦
责任校对	许海利
责任印刷	吴　霞
出版发行	国家行政学院出版社
	（北京市海淀区长春桥路6号　100089）
综 合 办	（010）68928887
发 行 部	（010）68928866
经　　销	新华书店
印　　刷	北京新视觉印刷有限公司
版　　次	2024年12月北京第1版
印　　次	2024年12月北京第1次印刷
开　　本	170毫米×240毫米　16开
印　　张	14.25
字　　数	198千字
定　　价	58.00元

本书如有印装问题，可联系调换。联系电话：（010）68929022

出版说明

党的二十大报告指出,从现在起,中国共产党的中心任务就是团结带领全国各族人民全面建成社会主义现代化强国、实现第二个百年奋斗目标,以中国式现代化全面推进中华民族伟大复兴。习近平总书记在中央党校建校90周年庆祝大会暨2023年春季学期开学典礼上的讲话中首次创造性提出"为党育才、为党献策"的党校初心。紧扣党的中心任务,践行党校初心,中央党校出版集团国家行政学院出版社和中央党校(国家行政学院)中国式现代化研究中心特别策划"中国式现代化的故事"丛书,邀请地方党校(行政学院)、宣传部门、新闻媒体、行业企业等方面共同参与策划和组织编写,从不同层次、不同维度、不同视角讲述中国式现代化的地方故事、企业故事、产业故事,生动展示各个地区、各个领域在大力拓展中国式现代化新征程上的理念创新、实践创新、制度创新、文化创新等,精彩呈现当代中国以中国式现代化全面推进中华民族伟大复兴的宏大历史叙事,以讲好中国式现代化的故事来讲好中国故事。

该丛书力求体现这样几个突出特点:

其一,文风活泼,以白描手法代入鲜活场景。本丛书区别于一般学术论著或理论读物严肃刻板的面孔,以生动鲜活的题材、清新温暖的笔触、富有现场感的表达和丰富精美的图片,将各地方、企业推进中国式现代化建设的理论思考、战略规划、重要举措、实践路径等向读者娓娓道来，使读者在沉浸式的阅读体验中获得共鸣、引发思考、受到启迪。

其二，视野开阔，以小切口反映大主题。丛书中既有历史人文风貌、经济地理特质的纵深概述，也有改革创新举措、转型升级案例的细节剖解，既讲天下事，又讲身边事，以点带面、以小见大，用故事提炼经验，以案例支撑理论，从而兼顾理论厚度、思想深度、实践力度和情感温度。

其三，层次丰富，以一域之光映衬全域风采。丛书有开风气之先的上海气度，也有立开放潮头的南粤之声；有沉稳构筑首都经济圈的京津冀足音，也有聚力谱写东北全面振兴的黑吉辽篇章；有在长江三角洲区域一体化发展中厚积薄发的安徽样板，也有在成渝地区双城经济圈中走深走实的川渝实践；有生态高颜值、发展高质量齐头并进的云南画卷，也有以"数"为笔、逐浪蓝海的贵州答卷；有"强富美高"的南京路径，也有"七个新天堂"的杭州示范……。丛书还将陆续推出各企业、各行业的现代化故事，带读者领略中国式现代化的深厚底蕴、辽阔风光和壮美前景。

"中国式现代化的故事"丛书既是各地方、企业推进中国式现代化建设充满生机活力的形象展示，也是以地方、企业发展缩影印证中国式现代化理论科学性的多维解码。希望本丛书的出版，能够为各地方、企业搭建学习交流平台，将一地一域的现代化建设融入全面建设社会主义现代化国家的大局，步伐一致奋力谱写中国式现代化的历史新篇章。

国家行政学院出版社
"中国式现代化的故事"丛书策划编辑组

总 序

　　党的二十大擘画了全面建成社会主义现代化强国、以中国式现代化全面推进中华民族伟大复兴的宏伟蓝图。中国式现代化是前无古人的开创性事业，是强国建设、民族复兴的康庄大道。回顾过去，中国共产党带领人民艰辛探索、铸就辉煌，用几十年时间走完西方发达国家几百年走过的工业化历程，创造了经济快速发展和社会长期稳定的两大奇迹，实践有力证明了中国式现代化走得通、行得稳；面向未来，在以习近平同志为核心的党中央坚强领导下，各地方各企业立足各自的资源禀赋、区位优势和产业基础、发展规划，精心谋划、奋勇争先，在推进中国式现代化过程中将展现出一系列生动场景，一步一个脚印地把美好蓝图变为现实形态。

　　中国式现代化，是中国共产党领导的社会主义现代化，既有各国现代化的共同特征，又有基于自己国情的中国特色。中国式现代化，是人口规模巨大的现代化，是全体人民共同富裕的现代化，是物质文明和精神文明相协调的现代化，是人与自然和谐共生的现代化，是走和平发展道路的现代化。这五个方面的中国特色，不仅深刻揭示了中国式现代化的科学内涵，也体现在不同地方、企业推进现代化建设可感可知可行的实际成果中。中国式现代化理论为地方、企业现代化的实践探索提供了不竭动力，地方、企业推进中国式现代化建设的成就也印证了中国式现代化道路行稳致远的时代必然。

为讲好中国式现代化的故事，更加全面、立体、直观地呈现中国式现代化的丰富内涵和万千气象，中央党校（国家行政学院）中国式现代化研究中心和中央党校出版集团国家行政学院出版社联合策划推出"中国式现代化的故事"丛书，展现各地方、企业等在着眼全国大局、立足地方实际、发挥自身优势，推进中国式现代化建设上的新突破新作为新担当，总结贯穿其中的完整准确全面贯彻新发展理念、构建新发展格局、推动高质量发展的新理念新方法新经验。我们希望该系列丛书一本一本地出下去，能够为各地更好推进中国式现代化建设以启迪和思考，为以中国式现代化全面推进中华民族伟大复兴凝聚更加巩固的思想基础，为进一步推进中国式现代化的新实践、书写中国式现代化的新篇章汇聚磅礴力量。

中央党校（国家行政学院）中国式现代化研究中心主任

2023 年 10 月

序　言

　　城市的命运历来与国家的命运紧密相连。对近现代以来的中国来说，一座座城市的发展，就是推进中国式现代化建设这部雄伟壮丽的交响乐中一个个快慢有致的音符。透过城市的现代化进程，可以直观解读、形象诠释极富魅力的中国式现代化恢宏画卷。

　　作为一座在大海的怀抱里孕育成长起来的经济特区，汕头的特别与生俱来，在中国式现代化的时代浪潮中更是绽放出与众不同的璀璨光芒。

　　汕头原为一个海边渔村，宋时属潮州揭阳县，元朝时称为厦岭，明清时易名为沙汕、沙汕坪、沙汕头。韩江上游泥沙沉积海滨，在潮起潮落的海浪作用下，形成了条状沙陇，沙陇脊起处名"汕"，成片区域叫"沙汕坪"，濒海开端处称"沙汕头"，汕头故此得名。因历史上汕头海湾盛产小鱼鲨鮀，故又称"鮀岛"。

　　汕头三面环山，北为莲花山脉，西是桑浦山，南有大南山，山岭绵亘，林壑尤美。东临南海而踞韩江、榕江、练江三江出海之处，是全国唯一中心城区拥有内海湾的城市，素有"华南要冲，岭东门户"之称。北回归线穿城而过，气候温润宜人，四时姹紫嫣红，美不胜收。

　　1860年，汕头正式开埠为对外通商口岸，清政府改汕头港为"汕头埠"。汕头自此成为中国沟通现代世界的重要渠道和窗口之一。

　　汕头因港而生、因商而旺、因侨而盛。凭借得天独厚的自然地理环境，汕头曾有过"百载商埠，楼船万国"的繁荣。数以万计的潮汕人搭乘"红头船"闯南洋，形成了今日潮汕籍华侨遍布东南亚的格局。从艰苦创业到回乡投资兴业，潮汕籍华侨在汕头城市发展的历史进程中也留下浓墨重彩的印记。

独特的地理环境和历史境遇，塑造了汕头这座城市独特的人文魅力：一座现代化城市的肌骨下，某些古老而极富生命力的传承在强力涌动。灵活又刚直、粗犷又细致，两种似乎截然不同的气质和力量，在这片土地上实现了恰到好处的融合。

在现代化浪潮的激荡之下，汕头在特区建设中呈现出既一脉相承又日新月异的新气象。"全国先进制造业百强市""国家电子商务示范城市""中国优秀旅游城市""中国投资环境百佳城市""中国城市信息化50强""国家海绵城市建设典型示范城市""国家产融合作试点城市""国家卫生城市""国家知识产权工作示范城市"……这一张张闪亮的名片见证了一座焕发着勃勃生机的现代化新城的崛起，饱含着一代代特区建设者不懈努力的智慧和汗水。

赶超的脚印步步坚实，奋进的足音铿锵有力。

2020年10月13日，习近平总书记亲临汕头考察，面对面、手把手地指导汕头推进新时代经济特区建设，给予汕头最亲切的关怀、最温暖的力量。我们铭记总书记殷殷嘱托，切实把对习近平总书记的感恩之心、爱戴之情、忠诚之志，转化为做好汕头工作的高度思想自觉、政治自觉、行动自觉，深入贯彻落实党的二十大和二十届二中、三中全会精神，全市上下继续发扬"敢闯敢试、敢为人先、埋头苦干"的特区精神，在更高起点上推进改革开放，奋力推动中国式现代化的汕头实践，在新时代经济特区建设中迎头赶上。

我们因地制宜发展新质生产力，明确"工业立市，产业强市"发展思路，坚持以贸促工、以工兴贸、工商并举，加快构建"三新两特一大"产业发展格局，推进"百亿企业，千亿产业"倍增培育，发挥经济体制改革牵引作用，推动产业发展实现质量变革、效率变革、动力变革，为迎头赶上积蓄澎湃动能；我们深化运用浙江"千万工程"经验，扎实推进"百千万工程"集成式改革，全面推动强县促镇带村，促进城乡区域协调发展，厚植高质量发展根基，为迎头赶上打牢坚实基础；我们用心用情做好新时代"侨"的文章，积极探索以侨为桥、共享机遇、共谋发展新模式，以高水平筹办第二十二届国际潮团联谊年会、第十届世界潮商大会为契机，全方位引侨资汇侨智聚侨力，将侨的优势切实转化为汕头发展的优势，为迎头赶上凝聚强大合力。

一座城市的成长和蝶变，是时代的发展和映照。站在历史节点上回望汕头的发展历程，回顾辉煌的过去，探寻现代传奇，讲述精彩故事，既是一份情怀，更是一份责任。

本书缘起于中共中央党校（国家行政学院）中国式现代化研究中心、国家行政学院出版社关于"中国式现代化的故事"丛书的约稿。在2023年秋收到约稿函后，中共汕头市委常委、组织部部长、党校校长田晖同志对此高度重视，指示由中共汕头市委党校（汕头市行政学院、汕头市社会主义学院）牵头，市委统战部、市委政法委、市发展和改革局、市工业和信息化局、市生态环境局、市交通运输局、市文化广电旅游体育局七家单位参与，组成由田晖同志任主编，市委党校（市行政学院、市社会主义学院）常务副校（院）长周映民和副校（院）长、副教授刘正祥任副主编，市委统战部副部长、市侨务局局长、市侨联主席洪悦浩，市生态环境局局长刘燕飞，市委政法委副书记彭文城，市发展和改革局副局长龚锦德，市交通运输局副局长杨卫，市文化广电旅游体育局副局长陈耿楠，市工业和信息化局总工程师林旭辉等任编委，16名业务骨干任执笔人的编委会。

瞰见 **特** 别

  本书以汕头市委、市政府团结带领全市上下奋力推动中国式现代化的汕头实践为主线进行全景式描述，图文并茂，雅俗共赏。内容铺陈上注重强化"故事性"，又不缺失学理逻辑；写作方式上以小切口见大主题，力求"窥一斑而知全豹"；语言风格上，注重知识性、可读性，以"叙"为主，夹叙夹议。

  全书共有八章。序章起"总论"作用，立足于"变"，从全球视野、全国战略、省内定位等多维度，瞰见这座正在中国式现代化建设浪潮中奋力搏击的城市，展现汕头日新月异的变化。第一章写"产业"，展现了汕头工业螺旋式上升的发展历程，印证了"工业强则城市强，产业兴则城市兴"的发展思路。第二章写"侨乡"，阐述了汕头过去因"侨"而立、如今"侨"韵深厚、未来更是"侨"见辉煌的生动故事。第三章写"文旅"，展现了一系列独特潮汕文化符号与城市记忆，彰显现代化城市"烟火气、开放性、生活化"的活力和魅力。第四章写"生态"，通过介绍"一条江"的美丽蝶变，书写"一片海"的绿色答卷，展示了一座城的生态底色。第五章写"交通"，以时间为主线，讲述从"通洋总汇"的海港交通，再到如今海陆之间一个个重大交通基础设施项目纵横交错，为这座城市构建起日益强健的骨骼和经脉的历史进程。第六章写"法治"，着重从自治、德治、法治三个维度阐述全国市域社会治理现代化的汕头实践，从城市生活闪耀着温存光芒的细节，深切地诠释了现代化城市"人民至上"的本质特征。尾章写"展望"，描绘汕头继续讲好中国式现代化汕头故事的蓝图，展现全市上下奋勇搏击的雄心壮志。

  希望本书为广大读者打开一扇了解汕头的窗口，使读者真切感受到：新时代新征程上，汕头发展底气更足、人气更旺、城乡更美、士气更高；我们坚决扛起职责使命，凝心聚力、锲而不舍朝着中国式现代化的方向奋勇前行！

目 录

序章
潮涌三江 满城芳华

四海情　游子归 / 2
东风起　踏丝路 / 6
携友邻　共揽潮 / 9
笑春风　迎客来 / 12

1 工业立市　产业强市

栉风沐雨启新程 / 20

纺誉世界换新颜 / 33

风起鮀城催新绿 / 41

2 百年侨乡　近悦远来

敢闯敢拼去"过番" / 50

侨韵汕头底蕴深 / 62

潮人盛会聚侨心 / 74

3 以文塑旅　风光无限

丝路云帆——铸就海上华章 / 82

文化荟萃——彰显厚重底蕴 / 89

文旅融合——打造旅游名城 / 106

4 绿美侨乡 生态之城

一条江的美丽蝶变 / 116

一片海的绿色答卷 / 124

一座城的生态底色 / 133

5

畅通"血脉" 强健"经络"

海丝通古今　踏浪卷千澜 / 142

玉带织经纬　飞虹平天堑 / 150

大道行开阔　长路写辉煌 / 156

6 精耕善治 幸福鮀城

众"治"成城：海纳百川的邹鲁文化 / 166

德润人心：崇德向善的潮汕传统 / 174

兴法之地：务实尚法的特区精神 / 181

尾章　四方云涌　鮀城春隆

何以"出圈"？市井馨香，海风潮韵更宜居 / 194

何以"扩圈"？丝路之源，区域引擎添活力 / 195

何以"破圈"？特区基因，春天故事赓续写 / 196

何以"融圈"？潮侨四海，云帆丝路接天涯 / 198

后　记

序章

潮涌三江
满城芳华

关于汕头城市故事的本源，一切要从海洋开始。

汕头地处韩江、榕江、练江的出海口，在三江汇集的地方形成了天然的海湾，汕头成为中国大陆唯一一个市区拥有内海湾的城市。由于被江海分割成岛，汕头又名鮀岛。

这座被北回归线贯穿的城市，历史上适宜出海之处众多，部分良港一早便闻名全球。汕头海路距离香港、台湾高雄均不足 200 海里，其中地处出海最前沿的南澳岛，距离高雄 160 海里，至新加坡、泰国等东南亚国家的口岸多在 1700 海里以内。汕头的南澳岛在明代便为十余种西方地图、航海图所标识，汕头的樟林港在清代也被标识于部分西方地图。

这也是一座在大海怀抱里孕育成长的经济特区，与生俱来的基因品格奠定了他不同凡响的生命底色，汹涌澎湃的春潮则为他每一次登场奏响了最为雄浑壮阔的时代乐章。

峥嵘岁月，满城芳华。从历史穿越而来，以不同视角观察这座正在中国式现代化建设浪潮中奋力搏击的城市，我们欣喜看到，汕头正从一个春天，昂首阔步迈入另一个春天……

瞰见 **特** 别

四海情　游子归

汕头内海湾与南北岸构成"一湾两岸"的壮美风景（方淦明 摄）

序章 / 潮涌三江　满城芳华

2023年9月23日，汕头市龙湖区外砂街道蓬中村张灯结彩、热闹非常，乡亲们欢天喜地、奔走相告，共同期待着一位游子的归来。这一天，泰国正大集团资深董事长、84岁高龄的谢国民先生再度踏上令他魂牵梦萦的故土。这里是他的父亲、著名旅泰侨商谢易初先生出生的地方，也是整个家族的根魂所系、血脉所依。百转千回的乡愁，融化在故园熟悉的乡音里，轻柔地拨弄着游子的心弦。祖国大地、家园故土，对于谢国民来说并不陌生。早在1979年，乘着改革开放第一缕春风，谢国民就带领正大集团来华投资，参与祖国发展建设，书写了外商投资的传奇一笔。改革潮涌归故里、情牵家国赤子心，和谢国民一样，

瞰见 **特**别

这是许多华侨华人报效祖国、造福桑梓的真实写照。山水迢迢，乡音悠悠；故土难离，乡情难断。在汕头这个全国著名侨乡，"回家"是广大潮籍华侨华人和港澳台同胞恒久不变的情结。

地理、政治和人文因素，使汕头人很早开始"逐海洋之利"发展海贩贸易。当年，红头船从这里扬帆，搭载着"一曲骊歌两行泪"的苦难与辛酸，汕头人漂洋过海走向世界各地。如今，一代又一代海内外潮汕人满怀对故乡的眷恋、对父老乡亲的深情，飞渡关山、跨越重洋重回家乡。他们或祭祖孝亲、落叶归根，或捐资捐物、投资兴业，或牵线搭桥、联络商机，书写着敦睦乡谊、共谋发展的侨乡新篇。

站在全球视野观察这座城市，"家己人"[①]无疑是其发展建设中一抹从不消褪的亮色。"全球有'三个潮汕'，海外一个潮汕，海内一个潮汕，本土一个潮汕"[②]，"有海水的地方就有潮汕人"，汕头人的自豪之情便溢于言表。广大潮籍华侨华人、港澳台同胞在各自的居住地深深扎根，为所在国家和地区的经济发展和社会进步作出了不可磨灭的贡献，同时也不断把潮汕文化传播到五湖四海，再把海外文化、资金、技术、市场引回桑梓。在改革开放波澜壮阔的40多年里，他们与祖国、与家乡同频共振，书写了浓墨重彩的恢宏一笔。据不完全统计，改革开放以来，华侨捐资汕头公益事业近百亿元，汕头吸收的港澳及外商投资中近九成为侨资。

2020年10月13日，习近平总书记亲临汕头视察，亲自为汕头发展领航掌舵、把脉定向。他指出："汕头经济特区要根据新的实际做好'侨'的文章，加强海外华侨工作，引导和激励他们在支持和参与祖国现代化建设、弘扬中华文

[①] 潮汕话"自己人"的意思。
[②] 潮汕人长期闯荡世界已经形成了所谓"三个潮汕"的现状。第一个潮汕是位于粤东的潮汕，大约有1500万人；第二个潮汕是分布在全国各地的潮汕人，大约也有1500万人；第三个潮汕是侨居世界各地的潮汕人，人口也有1500万左右。

化、促进祖国和平统一、密切中外交流合作等方面发挥更大作用。"山高水长的深情厚爱,既化为这座城市在新时代铸牢中华民族"根魂梦"的历史使命感和责任感,也成为新征程上实现"二次创业"的不竭动力。

奋力书写新时代"侨"的文章,汕头的笔触从未停滞。2022年,汕头成功获得第二十二届国际潮团联谊年会、第十届世界潮商大会的举办权。这两场汕头睽违已久的盛会再度"花落"潮人故都,鮀城向五洲四海的"家己人"发起"回家"之约。

回家!广大潮籍乡亲无论身处何地,无不牵挂着家乡,热切为家乡发展建设"鼓"与"呼"。如今归乡脚步匆匆,每一个脚印都是"走遍天涯路,最是乡情深"的生动注脚。

回家!汕头的父老乡亲深情邀请海内外潮汕乡亲回到祖辈出发的原点,牢记习近平总书记关于做好新时代"侨"的文章的殷殷嘱托,为家乡发展献计出力,将爱国爱乡的优良传统薪火相传!

瞰见 **特** 别

东风起　踏丝路

在当年汕头经济特区的发祥地、今天的龙湖区委区政府大楼前广场中央，特区的标志性建筑依然"升腾"①——在打开的两个半圆铜球之间，三颗闪亮星辰破壳而出、冲天而起、直指苍穹，在阳光下熠熠闪光。

星光作伴，日月同行。也许只有静默不语的土地才能回答：从海陬一片沉寂荒芜的沙丘到高楼林立、生机勃勃的经济特区，一代代创业者究竟为此穷尽了多少心血、抛洒了多少汗水？

犹记得，46年前改革开放东风骀荡，惊雷一声平地起，将汕头推向了崭新的发展坐标。

1980年8月26日，第五届全国人民代表大会常务委员会第十五次会议批准施行《广东省经济特区条例》，确定在深圳、珠海、汕头三市分别划出一定的区域，设置经济特区。1981年，国务院批准在汕头龙湖创办经济特区，面积1.6平方千米。作为全国首批经济特区之一，伫立在东南沿海一隅的汕头，从此走进了全国人民的视野。

理想照进滩涂、汗水灌溉荒土；时代激流勇进、改革势如破竹！汕头人从"巴掌大"的1.6平方千米起步，经历了特区三度扩围，书写了"看似寻常最奇

---

① 汕头经济特区标志性雕塑名为"升腾"。

崛,成如容易却艰辛"的创业篇章。昔日名动五洲的"红头船精神",在他的故土上有了全新的演绎——"敢闯敢试、敢为人先、埋头苦干"的特区精神,在改革开放的时代潮声中,唱响一曲荡气回肠的奋进乐章。

昔年荒地沙丘,今朝玉宇琼楼。改革开放以来,汕头经济特区在招商引资、机制体制改革、投资环境改善等方面积极探索,实施了土地"五统一"管理、政府机关审批承诺制等改革措施,开创了一个个富有汕头特色的招商引资项目,兴办了一大批"三来一补"和"三资"企业,交出了深化改革、扩大开放的特区答卷。特别是党的十八大以来,汕头在党的建设、产业发展、城市建设、民生事业等方面锚定发力,书写着中国式现代化汕头实践的精彩篇章。

站在全国的战略高度看汕头,从边陲小城到通商口岸,再到改革开放前沿、

伫立于龙湖区委、区政府大楼前的汕头经济特区标志性雕塑——"升腾"(方淦明 摄)

"海上丝绸之路"重要门户，汕头的发展始终与国家的命运紧紧相依。在百废待举的年代，汕头义无反顾扛起了首批经济特区作为"试验田"的历史使命，将改革开放擘画的蓝图步步变成实景图；在全球化浪潮激荡的年代，汕头担起"一带一路"重要门户的新角色，在全面深化对外合作的广阔海域中乘风破浪；在加快构建"双循环"新发展格局的新征程上，汕头又一次义无反顾地扬帆起航，瞄准海上风电这一新能源发展的赛道以求乘风而起，并在产业发展的数字蓝海中逐浪遨游。

汕头港是国家"一带一路"重点建设的15个港口之一，是联通"海上丝绸之路"、融入"双循环"发展主动脉的重要节点，汕头广澳港区开通运营的"一带一路"航线已达15条，串联起东南亚、南亚、西亚、东非的多个国家和地区。与此同时，坐拥国际海缆登陆站和区域性国际通信业务出入口局的汕头，也成了"数字丝绸之路"的重要门户。搭乘数字经济快车，汕头正全力打造国内领先的数据中心和算力中心，腾讯、阿里、华为等头部企业纷至沓来，带动产业规模超千亿。未来，这里将成为一座信息往来穿梭的"数字港口"，高效便捷地对接服务"一带一路"国家，为"双循环"进一步畅通血脉经络。

好风凭借力，送我上青云。高质量发展的专列飞驰不息，改革开放依旧是决定当代中国前途命运的关键一招。2020年10月，习近平总书记在亲临汕头考察时向国内外宣示，"中国共产党领导中国人民将坚定不移走改革开放道路，奋发有为推进社会主义现代化建设，锲而不舍实现中华民族伟大复兴的中国梦"。"汕头经济特区要以更大魄力、在更高起点上推进改革开放，在新时代经济特区建设中迎头赶上。"

汕头，正迎风起航，奋力书写"更扬云帆立潮头"的辉煌新篇章。

序章 / 潮涌三江　满城芳华

携友邻　共揽潮

汕头，位于广东省东部、潮汕平原南缘，三面环山、东临南海，居三江汇合出海之处，历来是粤东、赣东南、闽西南一带的重要交通枢纽、进出口岸和商品集散地，早在开埠前这里已有商船停泊、渔民集聚，近代以来逐渐演变为粤东地区的政治、经济、文化中心，素有"华南之要冲、粤东之门户"的美称。

随着"再造一个新广东"的战略部署响彻南粤，新的春天故事已经起笔。站在广东看汕头，争当粤东、粤西、粤北发展领跑者的新使命、新任务让这颗璀璨的粤东明珠更加熠熠生辉。肩上的担子更重了，底气和信心却更足了。以

东海岸新城展示出汕头未来发展的蓬勃动力（方淦明 摄）

践行者的忠诚坚定笃行，以奋进者的姿态全力赶超，以领跑者的担当支撑带动，这座中国经济第一大省的省域副中心城市铆足了劲，立誓在推进中国式现代化建设中勃发新气象、闯出新路来。

2022年1月6日，科技部支持全国25个城市开展新一批创新型城市建设，汕头市成为广东省第五个获批建设的城市。目前，汕头各项主要科技创新指标均居广东各市前列，具有一定科研能力和科技创新基础。汕头正全面启动汕头科学城的规划建设，加快构建"基础研究＋技术攻关＋成果转化＋科技金融＋人才支撑"全过程创新链，集中资源开展新能源、新材料、新一代电子信息、大健康产业关键核心和共性技术攻关。[①] 有了汕头科学城的加持，汕头及周边地区产学研资源将加速催生化学反应，实现科技成果"沿途下蛋"高效转化。科学城营造的一流创新创业生态，也将吸引越来越多创新创业人才与之双向奔赴。

近年来，广东省委、省政府多措并举补齐区域不平衡不协调发展的短板，赋予汕头省域副中心城市定位，提出建设汕潮揭都市圈，加速打破汕头、潮州、揭阳三市发展壁垒，激活都市圈发展潜能。2023年12月20日，《汕潮揭都市圈发展规划》正式公布，明确构建"一心两极、三环五射"的多中心、网络化都市圈总体发展格局，进一步将汕头定位为汕潮揭都市圈的主中心。以汕头为主中心推进汕潮揭都市圈规划建设，将打造沿海经济带东翼增长极，促进和支撑粤东地区发展，形成优势互补、高质量发展的区域经济格局。

地缘、商缘、文缘、血缘，既是汕头联结粤东其他城市的独特优势，也是构建汕潮揭都市圈的重要基石。莲花山、桑浦山、大南山等山岭连亘潮汕，韩江、榕江、练江三江在潮汕大地奔涌汇流，一方水土养一方人，山水之间、阡陌纵横，将粤东城市串联成血脉相依的有机整体；随着潮商贸易活动蓬勃铺开，不少优秀潮商成为蜚声国际的富商巨贾，潮人的商业网络在海内外纵横交错。

---

① 《汕头科学城来了》，http://thepaper.cn/baijiahao_24617073。

而在潮汕本地，传统商贸业发达，各市产业结构相近却也在一定程度上形成互补优势；潮汕文化源远流长，潮剧、潮菜、潮汕音乐、潮汕民居等传统文化元素具有极高相近性，一声"家己人"既诉说着潮人同根同源、同文同宗的紧密联系，也折射出潮汕人团结互进、同心同德、守望相助的血脉亲情。

汕头、潮州、揭阳，本是辅车相依、水乳交融的关系，曾一起经历繁荣和辉煌，也共同面对彷徨和迷惘，更在新时代纷纷坚定了奋起直追、迎头赶上的信心和决心。今日南海之滨，广东发展浪潮涌动、千帆竞发，汕潮揭携手揽潮观胜、乘风奋楫，迈向"兄弟齐心，其利断金"的发展新征途。

先谋势酝酿，再投子布局。在广东省委、省政府关心支持下，以汕汕铁路为代表的一批重大交通基础设施加速建设，显著提升汕头作为全国性综合交通枢纽的功能，构建起粤东通达珠三角的便捷通道，融"湾"链"带"拓宽经济纵深。作为省域副中心城市和汕潮揭都市圈的主中心，汕头自信扛起使命担当，强化引领作用，充分发挥特区优势、区位优势、侨乡优势，以建设区域性教育高地、医疗高地、文化高地和商贸高地为抓手，全面提升城市功能，加快中国（汕头）跨境电子商务综合试验区、华侨试验区、六合产业园、中以（汕头）科技创新合作区等平台建设，推进与粤港澳大湾区和深圳先行示范区协同发展，建设粤东区域中心城市、商贸物流中心城市、进口消费中心城市[①]，打造新时代中国特色社会主义现代化活力经济特区。

---

① 2023年12月公布的《汕潮揭都市圈发展规划》。

瞧见 **特** 别

笑春风　迎客来

　　如今漫步汕头老市区，小公园开埠区沿街商户林立、熙来攘往，糅合了潮汕元素和异国风情的骑楼建筑群，诉说着昔日商业的繁华，凝结起海内外潮人的乡愁；穿越内海湾，港口航线交通繁忙，海湾隧道延展向前，南北风塔遥相对望，"一湾两岸"打开了全新想象空间；驱车东海岸，重点项目建设高歌猛进，产业发展之路越走越宽，为城市建设和经济增长注入源源不断的澎湃动能。

　　这是一座古老的城市——三江奔流不息，历史悠远绵长。作为浩瀚中华文化中的独特一脉，潮汕大地孕育出有"古汉语活化石"之称的潮汕方言，潮剧、

汕头城市夜景（龙湖区融媒体中心　提供）

序章/潮涌三江　满城芳华

英歌舞、潮绣等非遗文化灿若繁星，潮汕美食回味无穷，潮汕音乐余韵悠长，传统民俗如同瑰宝，生生不息地滋养着城市的文脉。

这是一座创新的城市——现代化高楼大厦连线成片、气势恢宏，交通要道跨江越海、通达内外，城郊各地绿意盎然、山清水秀，战略性新兴产业方兴未艾、势头强劲，城乡区域协调发展之路蹄疾步稳、活力迸发，持续释放着开放、包容、进取的城市气度。

这是一座幸福的城市——万里碧道，绿叶红花相得益彰；湿地公园，白鹭嬉戏鱼翔浅底；练江两岸，青山碧水沁人心脾。获取"国家森林城市""中国美丽城市典范"等生态名片的汕头，铺开了一幅水清、岸绿、天蓝、土净的生态画卷。

优美的滨海风景展示出汕头这座美丽城市的生态底色

万家灯火，情暖民心。"呼援通"长者公益志愿服务项目搭建起"没有围墙的养老院"，默默守护着长者的安全感，让"老有所依，颐养天年"成为现实。

教育、医疗、住房、就业、社会保障等各个领域"捷报"频传,老百姓安居乐业的梦想正成为现实。

汕头,既拥有现代化城市的共性特征,也在岁月磨砺中沉淀出自己独树一帜的不凡气质。今天的汕头,高质量发展之声铿锵有力,"工业立市,产业强市"步履不歇,以贸促工、以工兴贸、工商并举,营商环境改革大刀阔斧,民生福祉大幅改善,城乡面貌焕然一新。

"不谋全局者,不足谋一域。"对外,汕头逐渐搭建起扩大开放的硬件骨骼和产业脉络;对内,汕头仍然面临着城乡区域发展不平衡不协调的难题。随着广东省委"百县千镇万村高质量发展工程"①号角嘹亮吹响,汕头以"头号力度"大气布局,奋力推进"头号工程",走基层、搭擂台、赋动能、蹚新路,努力把农村发展的短板转化为高质量发展的"潜力板",以城乡联动、协调发展的实绩实效续写新时代发展新篇章。

花艳蜂蝶至,茗香茶客来。随着城市能级的持续提升和城市影响力的不断扩大,汕头迎来了蜂拥而至的八方来客。好客的汕头人民开门纳喜,以主人翁的姿态盛情款待来自五湖四海的亲朋好友。中国式现代化的汕头故事,正被越来越多人见证和书写。

春风展卷,一路生花。老百姓的笑颜,是中国式现代化的汕头故事里最为温情脉脉的一章,生动诠释了"让人民生活幸福是发展的根本目的"。

---

① 广东"百县千镇万村高质量发展工程"促进城乡区域协调发展简称"百千万工程"。百县指的是广东全省122个县(市、区),千镇是指广东全省1609个乡镇(街道),万村则是广东全省2.65万个行政村(社区)。广东省委实施"百千万工程",瞄准的是解决城乡二元结构问题,服务的是全面推进乡村振兴,目标是实现城乡区域协调发展、农业农村现代化。"百千万工程"是广东的优势塑造工程、结构调整工程、动力增强工程、价值实现工程,是推动高质量发展的头号工程,是广东省委"1310"具体部署的"十大新突破"之一。

> **知识链接　以"头号力度"推进"头号工程"**
>
> 　　城乡区域发展不平衡是广东高质量发展的最大短板。广东省委坚持问题导向，于2022年12月通过《关于实施"百县千镇万村高质量发展工程"促进城乡区域协调发展的决定》，拉开了"百千万工程"这一高质量发展"头号工程"的大幕。
>
> 　　号角吹响，汕头市以党建为引领，市、县（区）、乡镇（街道）、村（社区）四级联动、强势发力，凝聚各方力量，共同推进"强县、促镇、带村"；以示范为带动，发挥入选省"百千万工程"首批典型名单的1区4镇及51个村（社区）作用，书写"百千万工程"在汕头的生动实践。

各扬所长　壮大县域经济

　　汕头六区一县基于"三新两特一大"产业布局，充分发挥比较优势，各扬所长，做好"强县"大文章。金平区凭借科创优势，推进汕头科学城建设，打造创新发展引擎；龙湖区聚焦现代服务业与先进制造业，让经济特区发祥地生机勃勃；澄海区加快转型升级，推动玩具产业精品化、高端化发展，夯实"中国玩具礼品之都"领先地位；濠江区加快建设国际风电创新港，力促港产城融合格局；潮阳区做大做强传统产业，凭借"大手笔"的国际纺织城，将成为全国乃至全球纺织品"生产＋销售"的"主战场"；潮南区在发展传统产业的同时，充分挖掘革命老区红色资源，为发展注入"红色动能"；南澳县依托绝佳自然条件，打造国际海岛休闲旅游目的地。

辐射带动　建设特色圩镇

乡镇是"上联城市，下接农村"的关键节点，促镇就是要增强中心镇对周边的辐射带动作用。作为全国千强镇和省"百千万工程"典型镇的潮阳区海门镇，无疑是圩镇建设的优等生。海门镇充分发挥临港资源优势，依托国家中心渔港做大做强海洋渔业，因地制宜发展纺织服装、能源产业，打造集农耕体验、民宿餐饮、数字文化等于一体的农文旅项目——海门花伴湾，实现一二三产业融合发展。

镇街不光要强起来，还要美起来。汕头开展圩镇人居环境品质提升行动，全部建制镇实现污水处理和冷链物流服务设施全覆盖、生活垃圾转运处理市场化作业，并着力打造 4 个美丽圩镇建设样板。澄海区隆都镇打造古村落保育活化的生动样本，在留住乡愁的同时续写古村落新篇；南澳县云澳镇全面提升辖区风貌，加快基础设施建设，加深游客"云澳印象"。

全面振兴　打造和美乡村

汕头建设 17 条乡村振兴示范带，充分发挥基层创造性，走出了一条具有汕头特色的乡村振兴之路。金平区三个社区创新探索"联村抱团"发展模式，联合打造"渔光互补"智慧光伏小镇，实现"水下养殖，水上发电"双效益；南澳"海上风电＋深水网箱"海洋牧场新模式的推行，加快汕头"蓝色粮仓"成形；潮南区东华村首建农民公寓，有效解决农民住房难问题；龙湖区周厝塭社区盘活零散低效用地，让"闲置地"成"便民地"，切实解决困扰群众的停车难问题；全国民主法治示范村潮南区大宅村打造法治乡村样板，创建"平安·幸福"村居。

团结多方　形成强大合力

2024年新春伊始，广东省委常委会在汕头召开会议，为汕头实施"百千万工程"提供"特""美""聚"三条锦囊妙计。汕头在做好特色县域经济、建设美丽镇村的同时，凝聚侨胞、乡贤、企业等各方力量，形成了推动"百千万工程"的强大合力。2023年，汕头组团赴港澳和东南亚访问联谊，累计签约项目37个、超200亿元；全市乡贤、企业参与"百千万工程"项目投资261个、超932亿元，支持公益项目329个，捐款捐物超8亿元。[①]2024年初，汕头启动"百千万·桑梓情"公益行动，广泛凝聚人才、技术、项目、资金向"头号工程"汇聚，2024年初，已募集资金及项目近800批次约5.1亿元。众人拾柴火焰高，这些朴素的数据展示着汕头团结各方力量做好"聚"字文章的生动切片。

---

① 《汕头："百千万工程"跑出高质量发展"加速度"》，http://www.shantou.gov.cn/cnst/ywdt/styw/content/post_2295675.html。

粤东大数据中心
LARGE DATA CENTER OF YUEDONG

中国移动

高新区软件园
高新电脑中心
高新电脑

1

工业立市
产业强市

作为一座因港而生、因商而兴的城市，汕头的工业化进程带着港口贸易的印记。1860年，汕头开埠，随着码头迅速发展，潮海关、洋行商会、近代银行竞相入驻，织布业、抽纱业等出口型制造业逐渐兴起，对外贸易经济奠定了汕头产业发展的根基。

当改革开放的春风开始在神州大地激荡，作为首批经济特区之一的汕头更是驶入了经济发展的快车道。20世纪80年代，汕头全市GDP总量以年均20%的速度向前驰骋，远远高于全省水平。1988年，意气风发的汕头，经济在一片大干快上中增长，增长速度达到了最高峰47.8%，形成了以纺织服装、感光材料、超声仪器、电子、食品、医药、塑料、陶瓷、工艺、磁记录材料等20多个行业为主体的轻工业体系。

如今的汕头，已昂首迈入发展的新征程。全市上下牢记习近平总书记视察广东、视察汕头时的殷殷嘱托，感恩奋进，全力以赴加快建设现代化活力经济特区。

其中，产业是突围的关键。汕头正坚持"工业立市、产业强市"发展思路，坚持实体经济为本、制造业当家，着力构建"三新两特一大"产业发展格局，以贸促工、以工兴贸、工商并举，一体推进产业、企业、产品优化升级，走好符合汕头实际的新型工业化之路。

瞰见 **特** 别

栉风沐雨启新程

敢为人先，高歌猛进

2023年6月10日，在我国第18个"文化和自然遗产日"，汕头有一处工业遗产"老面孔"，即汕头市公元感光材料工业总公司厂区，成为城市发展的"新地标"——汕头工业博物馆。这是汕头市首座工业博物馆，由汕头市政协、汕头市工业和信息化局、汕头市国资委牵头设立，全景式呈现汕头城市发展的时代足迹以及汕头工业发展的历史脉络，向参观者生动讲述汕头制造从无到有、从有到优的发展历程。

许多本地市民也未曾了解，作为我国首批经济特区之一的汕头，竟有着160多年极不平凡的工业历史。35毫米盘庄黑白胶卷、FH10电阻焊缝焊机、GYZ永磁直流电动机……步入汕头工业博物馆，厚重的工业历史气息扑面而来。约1000平方米的博物馆内，按时间轴分为历史、当代两个展厅，陈列从近代传统手工业到现代工业文明进程中的汕头工业实物，以及各种相关文献资料近千件，呈现汕头工业发展的历史脉络。

一件件工业实物，一幕幕工业影像，一件件载入史册的工业大事，一项项振奋人心的创新突破，一代代汕头工业拓荒者、探索者的群体形象，串起了汕头工业的发展轨迹，诠释着这座城市工业文化的源远流长。

工业实物是展示汕头工业发展的"化石"。馆内重点展出有感光材料、超声仪器、电子元件、包装机械、塑料制品、食品罐头、纺织渔网、抽纱服装、陶瓷、钟表、医药、机电等20多种展览品共600余件，这些穿越历史的展品鲜活地呈现着汕头走过的不平凡的工业历程。

在馆内近千件文献资料中，《工业记忆》这本书描绘着普通的汕头工人眼中的"工业汕头"。该书作者是汕头机关退休干部陈成人，他于1975年至1985年在汕头市红旗腰果加工厂、安平皮塑厂、制衣厂工作，亲历汕头工业发展历程。他深知工业遗产保存的历史细节中可以找到城市的发展轨迹，忽视或丢弃这一宝贵遗产，就是抹去城市重要记忆。于是陈成人利用闲暇时间收集、采访、写作有关汕头工业历史记忆。如今，他编写的《工业记忆》作为藏品收藏在汕头工业博物馆中，为汕头工业发展的故事写下了生动的注脚。

在160多年的汕头工业记忆中，这里诞生了中国第一家感光材料生产厂、第一家超声波仪器专业生产厂，汕头制造为中国第一颗人造卫星"东方红一号"上天提供配件，全国首创行政机关对企业服务"24小时内答复"承诺制……[①]

置身博物馆，老一辈工业人的思绪常常会随着不同年代的展品回到过去。新中国成立后，由于"因商而兴"的内外环境发生急剧变化，汕头历经工业、手工业社会主义改造，集体企业的兴起，开启了工业化进程。20世纪50至70年代，数以百计的工业企业如雨后春笋般涌现，中间虽经历了国家开展"三线"建设，1962年后部分骨干工业向"三线"地区迁移的过程，但汕头仍在不断巩固原有纺织、抽纱、日用消费品等轻工业基础上，先后建立起机械、化工、电子等工业门类，区域性的工业体系逐步形成。

---

① 1953年4月1日，汕头创立中国第一家感光材料生产厂"汕头公元摄影化学厂"；1965年7月1日，汕头成立我国首家超声波仪器专业生产厂"汕头超声电子仪器厂"；1970年，汕头阀门厂为中国第一颗人造卫星上天提供配件，受到中央军委嘉奖；1987年4月29日，汕头经济特区管委会明确规定，各职能工作部门对待客商询问，必须在24小时内作出答复。

中共广东省委党校原副校长、教授陈鸿宇指出，这一时期汕头涌现了公元感光化学工业公司、超声电子工业公司等地方国营企业。自筹资金、自我发展的集体工业企业蓬勃兴起，创造了大量就业岗位，撑起了汕头工业的半壁江山。至20世纪70年代末，汕头市区的工业发展水平已经居于广东省前列，奠定了此后改革开放的物质基础，培育了一支有文化、懂技术的干部职工队伍。[①]

改革开放之初，汕头由于资源缺乏、交通不便、通信落后等问题，加上国家发展政策的调整，大量工业项目向"三线"地区转移，工业发展遭遇弱化，基本是以手工操作为主的、分散的小企业，较大型的企业极少，主要为食品、纺织服装、工艺美术、塑料制品等轻工加工工业。

1981年汕头经济特区设立，开始了由计划经济的工业发展模式转向以乡镇企业、集体经济、外资经济为主导的"自下而上""出口导向""外向带动"型的工业发展模式。1983年，龙湖区第一栋通用厂房竣工，接受外商进园办厂。全市纷纷仿效，吸引华侨回乡投资，汕头由此出现大量的工业集聚地，这些工业集聚地成为汕头市工业园区的雏形。

1984年初，中共中央一号文件鼓励农民个人兴办或联户办各类企业，汕头工业由原来国有制、集体所有制开始分化出合作企业和个体企业。1990年后，汕头以中心城区为主，先后规划建设一批小型工业园区，并逐步推进工业进园集聚，形成纺织服装、工艺玩具、精细化工、音像制品、印刷包装、输配电等优势产业和区域特色产业集群。同时，汕头迅速扩大利用外资规模，积极引进资金、技术、设备及管理经验，使得工业实现飞速发展，1991年工业增加值增速达到历史最高增速40.5%。

1992年初，邓小平同志南方谈话中指出，乡镇企业是具有中国特色的社会

---

① 余丹：《工业博物馆留住汕头百年工业记忆——探寻"工业立市、产业强市"精神坐标》，《南方日报》2023年6月15日。

主义的三大优势之一。全市乡镇工业进入了一个高速高效、全面发展的新阶段，由此带动全市工业占 GDP 的比重从 1992 年的 30% 提高到 1998 年的 40%。

"1978 年以来的改革开放大潮，让汕头工业再一次抓住了快速发展的机遇。"陈鸿宇说，汕头经济特区的兴办、大规模的引资引技改造、民营企业崛起为市场主体，澄海、潮阳、潮南以及潮州、揭阳成为潮汕城市化的主战场，为汕头市的工业化注入了前所未有的动力和活力。汕头工业发展的空间已经不再局限于主城区，与众多专业市场融合的纺织服装业、化工材料业、玩具业、食品业等优势行业，取代了原来"小而全"的工业体系，全域多点错位发展成为汕头工业化布局的全新形态。

特区因改革而生，汕头因特区而兴。40 多年来，汕头工业产业勇当特区改革开放创新的"弄潮儿"，艰苦创业、大胆探索，尽管有回环曲折，但奔腾向前之势从未改变，谱写了勇立潮头、开拓进取的壮丽篇章。

风雨兼程，坚毅前行

回顾改革开放 40 多年汕头工业发展历程，无不贯穿"创新"两个字。创新，推动着国有企业改革，工业发展由计划经济向市场经济起步转变；创新，运用特区政策积极引进外资，利用外资外向带动工业飞速发展；创新，探索出民营经济发展思路，以民营经济为主导推进工业转型升级；创新，适应经济新常态，推动产业结构优化调整，向高质量发展迈进。

然而，汕头工业发展并非一帆风顺，这期间既经历了快速发展时期，也经历了低潮时期；既创造了辉煌业绩，也遭受过挫折；既有成功经验，也有深刻教训。首先，汕头经济特区刚成立时，特区内部分企业在初期高速发展阶段缺乏前瞻性，所得多用于消费而少用于扩大实体规模，部分产业出现"空心化"，部分产业逐渐式微。其次，世纪之交的汕头，面临特区政策优势逐渐淡化的局面,以及来自国内其他地区越来越激烈的竞争,加上部分企业经营不规范甚至违规经营,导致营商环境不佳而流失一批外资企业、本地企业。最后,汕头工业发展也面临新的瓶颈。如产业规模不大,骨干引领作用较弱;产业层次偏低,自主创新能力不足;产业园区分散,集聚集约效应不显;发展方式粗放,增长可持续性较差;信息化水平不高,产业竞争力不强;运营成本上涨,企业生存压力增大等。工业发展遭遇转型升级不及时、抢滩市场不得力的不利局面,经济发展从高速增长跌至低谷。全市工业增加值 2000 年、2001 年连续两年出现负增长。

面对这样的形势,汕头知耻而后勇。在党中央、国务院和广东省委、省政府的正确领导下,汕头大力整治市场经济秩序,曾经一度出现的逃税骗税、逃汇骗汇、走私贩私等违法犯罪活动得到严厉打击和有效遏制;率先开展社会信用体系建设,开通首个地方政府社会信用网,在全国开创了利用网络技术改善市场经济监管方法的先例;率先制定出台我国首部个人独资企业条例——《汕头经济特区个人独资企业条例》……同时,从 2003 年开始,汕头市委、市政府实施工业强市战略,工业发展模式由"外向带动"转向"内生增长",汕头工业经济呈现恢复性增长。

2003 年 2 月,广东省委、省政府召开全省民营经济工作会议,出台《中共广东省委、广东省人民政府关于加快民营经济发展的决定》。汕头作为我国民营经济发育最早的地区之一,大力发挥民营经济优势,充分利用试验权和立法权,冲破姓"社"姓"资"的思想禁锢,创造性地出台一系列支持民营经济发展的优惠政策措施并加以落实,促进民营经济大发展大提升,民营经济逐步成为汕头国民经济发展的主力军。2003—2019 年,规模以上民营工业产值占全市比重从 34.7% 提高到 80.4%。

2008 年,爆发了席卷全球的金融危机,给世界经济带来巨大冲击。汕头民营企业凭借其经营的灵活性,迅速将市场重心由外贸转为内销,有效地规避了外销市场萎缩带来的影响，当年全市工业增加值增长16.4%，占GDP比重达到空前的51.1%。同时，民营企业根植性优势充分显现。在金融危机冲击下，我国玩具产业首当其冲，珠三角地区以外资为主的玩具企业甚至出现了倒闭潮。而汕头以民营为主的本土玩具企业，却凭着自强自立、自主创新、自主品牌转"危"为"机"逆势增长，当年玩具出口增长30.9%。奥飞动漫的董事长蔡东青说："海外需求是减少了，但我们所占的比例却增加了，这是从竞争对手那里取得的。因为欧美、日本等国的玩具企业收缩了，而我们积极研发、推出自己的创新产品，赢得他们丢掉的订单。"目前，汕头民营经济贡献了70%左右的固定资产投资额、70%以上的地区生产总值、97%以上的商标品牌、98%以上的技术创新成果和99%的经济单位数量，在稳定增长、增加就业、促进创新、改善民生等方面发挥了难以替代的重要作用，成为汕头经济发展的基础、优势和亮点。[1]

进入21世纪第二个十年，世界经济形势错综复杂，中国经济进入从高速增长转为中高速增长的"新常态"。汕头主动适应经济发展新常态，积极有效应对各种风险挑战，加快工业转型升级，推动工业经济稳中有进、稳中向好、稳中提质。

忆史明今，方能行稳致远。"在新时代经济特区建设中迎头赶上"，习近平总书记的殷殷嘱托言犹在耳，汕头工业必须肩负起"实体强，城市才能强"的历史使命，赓续拼搏奉献工业精神，在认真探索以往的成败得失中求变、求新、求进，不忘初心和使命，奋力开创实体经济发展新局面，谱写汕头工业新篇章。

---

[1] 《强区聚力：行政区划调整激发内生动力》，《南方日报》2020年9月24日。

云程发轫，万里可期

时间既是最忠实的记录者，也是最客观的见证者。事实上，汕头继承和发扬"汕头工业精神"的脚步从未停止，现如今汕头对工业的重视，就是其最好的表现。

2021年9月3日，汕头市委召开常委会会议。会议指出，汕头工业有亮点、有特色、有基础，但体量不大，要加大统筹谋划和推进力度，加快实施"工业立市、产业强市"。而如何立足新发展阶段，把握时代发展浪潮，进一步明晰产业定位和方向、优化调整产业布局，成为汕头工业发展迫在眉睫的任务。

为此，在接下来的两个多月里，市委书记温湛滨深入各区（县）、功能区、产业园区、企业、科研机构，围绕汕头重点产业密集开展走访调研，连续召开座谈会，与企业家、协会代表、专家学者等面对面交流。一场场座谈会上，大家畅所欲言、建言献策，为汕头产业发展把脉支招，在激烈的思想碰撞中，汕头产业发展的短板与不足、优势与潜力被深刻剖析，制约产业发展的瓶颈被逐渐摸清，未来发展方向和路径也越发明晰。

2021年11月，汕头市第十二次党代会明确"工业立市、产业强市，在新时代经济特区建设中迎头赶上"的发展思路，谋划构建以新能源、新材料、新一代电子信息，纺织服装、玩具创意，大健康为引领的"三新两特一大"产业发展格局。2024年1月，中共汕头市委十二届七次全会进一步提出，要走好符合汕头实际的新型工业化之路，加快建设工商并举的现代化产业体系，全力打造区域重要发展极。

"'三新两特一大'很符合汕头的发展实际。"陈鸿宇长期从事区域经济学和产业经济学的研究，在他看来，汕头市委、市政府提出要坚定不移走"工业立市、产业强市"之路，是非常正确的路子。"发展工业，必须统筹增量和存量的协调推进。"陈鸿宇说。一方面,"三新两特一大"中的"三新",即为增量。汕头工业化需要新的动力源,培育和引进具有较高技术含量的"三新"产业,并延伸其产业链,目的在于培育一批高端核心企业,带动形成新的三个产业集群,让汕头的制造业结构能够顺利转型升级,改变现有存量产业缺乏活力和竞争力的状况。另一方面,汕头要立足原有制造业的存量。潮南、潮阳两区的纺织服装业和澄海的玩具创意业很有基础,整体规模也不小,已经形成产业链和空间集群,也有一些细分行业的"隐形冠军",关键要让"存量"产业搭上创新驱动和数字化的快车,实现自身的转型升级。"汕头要紧密结合汕头大健康产业的发展方向,确保技术创新方向与产业发展方向相吻合、相一致。""要和其他区域形成差异化竞争,把自己的特色优势给充分展现出来。"国家药监局南方医药经济研究所副所长宗云岗称,汕头大健康产业要保持定力、坚定方向,在技术创新上不断沉淀,在未来真正实现技术上的突破。"汕头市委提出构建'三新两特一大'产业发展新格局,积极响应国家'碳达峰、碳中和'发展目标,布局前瞻,目标明确,定位精准。"上海电气风电广东有限公司相关负责人表示,汕头发展海上风电有着得天独厚的优势,大型海上风电基地的建设将会进入快速发展轨道,规模经济效应和技术扩散效应有望为汕头带来万亿元级规模的海洋全产业链生态集群。

唯有同心同德,方能落子有力。全市上下以"起跑就是冲刺、开赛即是决赛"的魄力和决心,全面激活"改革、开放、创新"三大动力,健全市领导挂钩联系重点产业链工作机制,完善产业发展"七个一"体系[①],每季度举行重大项目集中签约开工投产"三个一批"活动,每月轮流在各区县举办"工业立市、产业强市"现场会,定期举办多领域多层次产学研"面对面"对接活动,最大

---

① 产业发展"七个一"体系:一个发展规划、一条产业链图谱、一个工作专班、一个专家库、一个产业联盟或协会、一批产业链龙头骨干企业和重点项目、一个产业链专属政策组合包。

限度汇聚资源要素、政策措施和工作力量。

近年,汕头激发科技创新动能、加速数字低碳转型、持续优化营商环境,特别是针对工业用地瓶颈,不断拓展产业空间,划定163平方千米工业控制线,加快规划建设398平方千米的大型产业集聚区,打造69.76平方千米的承接产业有序转移主平台;出台"工改工"13项政策,已完成超1.2万亩"工改工"项目升级改造;积极鼓励容积率3.5以上的标准厂房建设使用,新建成标准厂房85.5万平方米。

第一,新能源产业加快迎风起势,以汕头国际风电创新港建设为牵引,打造服务全国、辐射东南亚、面向全世界的国际海上风电产业根据地和创新策源地。引进广东唯一的风电轴承和齿轮箱生产线,建成世界单机测试容量最大的临海风电试验基地,即将建成全球首个"四个一体化"[①]的高端装备制造基地,开工建设全球最大的40兆瓦级六自由度风电机组加载实验平台。

第二,新材料产业加快科技赋能,聚焦化工新材料、新能源电池材料、可降解塑料"三大方向",培育细分领域龙头。化学与精细化工省实验室一期园区建成运营,"汕头市精细化工产业人才振兴计划"获评"扬帆计划"第一档次,引进锂电池正负极、电解液、隔膜等一批骨干企业,SK聚酯、薄膜高分子母料等项目建成投产。

第三,新一代电子信息产业加快数实融合,大力发展以跨境数据传输业务为核心的数字经济,跨境数字经济产值同比增长7倍。获批开展全国首个跨境专用通道试点,上线粤东首个工业互联网标识解析二级节点,连续两年举办中国数字经济创新发展大会,腾讯、阿里、华为、百度等头部企业纷纷布局汕头,立汕智造等项目建成投产,移动AI中心、联通5G中心等项目加快建设。

---

① "四个一体化":集研发设计一体化、工艺流程一体化、生产交付一体化、检测认证一体化。

第四，纺织服装产业加快提质增效，在拥有完整产业链条的基础上，大跨步朝着科技化、品牌化、高端化迈进。举办中国·潮汕纺织服装博览会（以下简称"服博会"），纺织服装"四大工程"① 全面推进，总投资 305 亿元的国际纺织城加快建设，一期厂房销售一空。引进多个锦纶项目补齐广东化纤生产短板，年产能增长 18 倍。全国电商排名前 20 的贴身衣物品牌 85% 产自汕头。

2024 年 3 月 28 日，第三届潮汕国际纺织服装博览会开幕秀《潮起东方 3.0》在汕头博览中心闪耀上演（方淦明 摄）

第五，玩具创意产业加快智能转型，发展跨界融合新业态。拥有国内塑胶玩具产量、玩具企业 3C 认证有效证书量、品牌拥有量、IP 授权量、专利授权量等多个全国第一。澄海科创中心、宏腾商贸等创新平台运营成效显著，中科智谷投产运营，万洋众创城等项目加快建设。

---

① 纺织服装"四大工程"：全球纺织品采购中心、纺织工业产业园、展会展览中心、产业总部大厦。

瞥见 **特** 别

第二十二届中国汕头（澄海）国际玩具礼品博览会开幕式现场（汕头市工业和信息化局 供图）

玩具创意产业加快智能转型（刘靖轩 摄）

1／工业立市　产业强市

第二十二届中国汕头（澄海）国际玩具礼品博览会现场展出的琳琅满目的创意玩具（刘靖轩 摄）

第六，大健康产业加快创新提质，打造集研发、生产、销售、服务于一体的全产业链条。新增粤万年青、泰恩康2家上市企业，全市大健康板块上市企业达7家。举办大健康产业高峰论坛，大参林、广药王老吉荔枝产业园建成投产，美宝制药、亿超生物、华银国际医药港综合体等项目加快建设。

实践证明，以"工业立市，产业强市"引领发展突围，新时代、新特区的速度和力度让人印象深刻，也在一些重要领域和关键环节取得较大进展和积极成效，对外开放持续迈出新步伐，迸发出前所未有的生机和活力。如今的汕头工业已经实现规模化产业集群的蝶变，这也是汕头加速壮大"三新两特一大"产业集群、奋力在新一轮发展中力争上游的信心所在、底气所在。

奋楫扬帆再出发，笃行不怠启新程。汕头将始终坚持和弘扬自立自强、艰

瞰见 **特** 别

苦奋斗的历史主动精神，敢闯敢试、敢为人先的改革精神，精益求精、追求卓越的工匠精神，不负历史荣光、不负使命重托、不负时代召唤，乘势而上、大干快干，大力推动产业科技互促双强，走好符合汕头实际的新型工业化之路，打造现代化沿海经济带重要发展极，在推进高质量发展中实现迎头赶上，开启光辉灿烂的新篇章。

纺誉世界换新颜

千企万品——"出海卖全球"的深厚底蕴

"九邑乡村无不织之女""冬则纺棉为纱，夏则绩苎为织"，纺织业在汕头有着悠久的历史。根据《方志广东》记载，汕头开埠以前，所产的布匹多为家庭自用，"少有输出，亦不假外来"。产品主要有苎布、蕉布、织毯等。1860年汕头开埠对外通商以后，随着潮汕华侨回乡投资设厂，引进国外机器织布，潮汕夏布、潮汕抽纱畅销海内外。

由于受到外国机纺棉纱冲击，越来越多的潮汕土布改用机器生产。清宣统年间，汕头澄海县（今澄海区）豪商高绳之在澄海县城开设振发织布局，成功带动澄海的机器织布业，是潮汕近代织布生产技术改革的先驱。

改革开放以来，在潮汕籍海外侨胞对家乡建设的积极支持和参与下，汕头纺织服装产业集群逐渐形成并得以快速发展。经过40多年发展和沉淀，以家居服装、针织内衣和工艺毛衫为主的纺织服装产业，从家庭小作坊和"三来一补"（来料加工、来件装配、来样加工和补偿贸易）加工模式，发展成为汕头最大的支柱产业，也是唯一规模以上工业产值超千亿的制造业产业，形成了从原料、捻纱、织布、染整、经编、刺绣、辅料到成品生产和销售的完整产业链。几个数据足以说明实力——全市内衣家居服产量约占全国45%，拥有"芬腾""浪漫春天""奥丝蓝黛""秋鹿""美标"等一大批内衣家居服著名品牌,内衣家居服名牌数量位居全国同行业第一,名牌产品占全国75%以上……2021年7月,位于潮南区峡山街道的广东洪兴实业股份有限公司在深圳证券交易所敲钟上市,成为中国家居服第一股。"中国内衣种类最齐全的地方""中国最大内衣家居服生产基地""中国乃至全世界最大的内衣产业集群",汕头当之无愧拥有这些名片。

具体而言,纺织服装产业主要分布在潮南区、潮阳区,以家居服装、针织内衣为主,而龙湖区、澄海区则以工艺毛衫为主,但规模相对偏小。目前,汕头市辖内已有多个国家级纺织服装区域品牌:潮南区"中国内衣家居服装名城"、澄海区"中国工艺毛衫名城"、潮南区峡山街道"中国家居服装名镇"、潮南区陈店镇"中国内衣名镇"、潮南区两英镇"中国针织名镇"、潮阳区谷饶镇"中国针织内衣名镇"。在2022年首届服博会上,中国纺织工业联合会授予汕头市"中国纺织服装产业基地市""中国内衣家居服之都"的称号,中国毛纺织行业协会授予澄海区"中国工艺毛衫出口基地"的称号。放眼全国,能同时拿下这么多纺织服装区域品牌的城市实属凤毛麟角,这充分展现了汕头纺织服装产业的实力和活力。2022年,汕头被列入中国纺织工业联合会产业集群试点,有助于提升汕头纺织服装区域品牌影响力,促进汕头从更高层次协调产业发展资源,建立、完善支撑产业发展的公共服务平台,促进区域产业规模倍增发展。

然而,强大的实力背后,产业发展的弊端也日益浮现。由于汕头纺织服装家族式企业众多、自主创新投入不足、专业技术人才缺乏等问题客观存在,汕头纺织服装产业存在企业总体规模较小、产品同质化较为严重、转型升级步伐不快、中高端产品有效供给不足,尤其在设计、研发、市场营销等附加值高端环节发展较为薄弱等情况。

不破不立,汕头市第十二次党代会将纺织服装产业作为"三新两特一大"产业中的"两特"产业之一给予重点支持,提出要重构纺织服装产业链、价值链，支持龙头企业组建产业创新联盟，建设供应链选品中心、电商产业园等，整合资源畅通产业循环，加快打造超2000亿元纺织服装产业集群。

从1000亿元跃升至2000亿元，目标直截了当，但每进一步都不容易。如何实现2000亿元的目标？其中一个抓手就是成立行业协会。2021年12月12日，汕头市纺织服装产业协会（以下简称"市纺协"）正式揭牌成立。

从提出筹备到成立，仅用了一个多月时间。汕头市委、市政府及工信部门多次与协会筹办成员座谈并协调解决筹办过程中存在的难题，政府"金牌店小二"般的服务和对产业的重视、支持，令协会成员备受鼓舞。"协会的成立，核心意义在于能够整合全汕头近7000家纺织服装企业，大家协同对产业的未来发展进行谋划，打造全国最大的纺织服装产业集群。"市纺协第一届会长翁创杰表示。"一花独放不是春，百花齐放春满园。"协会的成立，标志着纺织服装行业迈向抱团发展的新阶段，拉开了产业大跨步朝着科技化、品牌化、高端化迈进的序幕。

"酒香也怕巷子深"，如何让优质的汕头纺织服装走出去？新成立的协会下足了功夫。成立还不到半年，协会就借助各方资源，积极谋划"家门口的内衣展会"——首届中国·潮汕国际纺织服装博览会。2022年5月28日，首届服博会如期举行，来自全国各地纺织服装业的参展商、客商齐聚这场行业盛会，共谋新冠疫情下行业发展之路。这是一场名副其实的大秀，将汕头纺织产品展示出来，浓缩了汕头纺织产业发展史。

如今，服博会已经连续举办了三届。从首届的3万平方米规模，到第二届的5万平方米，再到2024年第三届服博会的10万平方米，不到3年的时间，服博会成为全国贴身服饰最大原产地展会，创造了会展业和原产地展会的奇迹，填补了粤东地区大型展会的空白，推动潮汕地区纺织服装产业商贸发展至新的高度。这是"工商并举"在纺织服装产业领域的生动实践。

此外，协会接续开展"潮品·中国行"系列巡展活动，走遍山东、河北、浙江、江苏、四川、新疆、湖南及东北等地，持续扩大汕头纺织服装区域品牌的影响力。

汕头纺织服装不光行走全国，还走向了世界。2023年11月15日，第三届服博会发布会，被"搬"到香港举行，并发布启动"一带一路·潮品世界行"世界巡展活动，同时成立展会国际采购联盟，来自多个国家驻港机构、香港各潮汕商协会、香港纺织商协会以及媒体等近百名嘉宾共同出席这次新闻发布会，为粤港纺织产业携手发展、加速服博会国际化进程，提供新思想、注入新能量。2023年11月23—25日，"一带一路·潮品世界行"首站巡展活动在印度尼西亚举办，市纺协组织数十家纺织企业组团参展，打响了"一带一路·潮品世界行"第一站。

"不积跬步，无以至千里；不积小流，无以成江海。"两年来，汕头纺织服装产业秉持"汕头品牌，品牌汕头"的理念，加速培育超百家标杆企业，打造超万件爆品，通过服博会、潮品中国行、跨境电商等形式推动优质内衣家居服产品引"潮"而立，加速"出海"。同时，加快数字化转型步伐，强化纺织服装原材料及辅料、制品的研发与制造、设备等产业链优势环节，优化建设若干集研发、设计、生产等功能于一体的区域产业集群；建设一批数字化、智能化工厂（车间）试点示范，推动传统织布产业转型升级，变织造为"智造"，以精良优质的产品"布"局未来，开启汕头织造新时代。

印染集聚——壮士断腕后的"涅槃重生"

练江发源于普宁市大南山五峰尖西南麓杨梅坪的白水礤，大小支流17条，由南北汇入干流，干流全长72千米。20世纪90年代，该流域服装印染产业高速发展，工业废水排放问题突出，练江成为广东省污染最严重的河流之一。如今，练江河畅水清、白鹭翩跹，实现了从普遍黑臭到国考断面消除劣V类，再提升至Ⅳ类的重大转折性变化，还获评"广东省十大美丽河湖"。从污染典型到治污典范，练江的"蝶变"，见证了当地服装印染产业的重生。

众所周知，印染上托织造业，下承服装业，是纺织服装产业链中不可或缺的一环，关系着整个纺织服装产业的整体竞争力。随着汕头纺织服装产业不断发展壮大，印染等环节造成的环境问题也日益显现。入园集聚生产、集中治污是实现转型升级、可持续发展的必由之路。2018年，汕头市抓住练江流域综合整治的契机，以壮士断腕的勇气和决心，推进印染企业"弃污进园"。当2019年新年钟声敲响之际，汕头练江流域183家印染企业全部停产，潮阳潮南两区的纺织印染产业按下了"暂停键"。

暂停是为了更好地前进。在经历了停产退出到过渡入园复产的"阵痛"后，汕头纺织印染行业卸下污染的枷锁，迎来重生，集聚入园，以全新姿态踏上转型升级、做大做强的征程。2020年6月起，经过升级改造、符合相关标准的印染企业陆续迁入印染园区，印染产业在机器的轰鸣声中逐渐复苏。潮阳、潮南印染中心吸引集聚上下游和横向关联产业入园生产，实现1平方千米的完全开发，预计可新增产值100亿元，产出的每一分钱都力求绿色、生态环保。

如今走进潮南、潮阳印染园区，到处都是一派忙碌的生产景象，各家印染企业争相赶工生产。汕头市恒丰泰实业有限公司来自谷饶镇，成立已有20多年。入园前，恒丰泰公司就积极进行筹备，自建厂房，并购置了国内外先进的染色剂、定型机、脱水机等印染设备100多台。2020年8月，恒丰泰公司以全新的面貌恢复生产。从潮南区两英镇搬迁进园的龙凤印染有限公司和鼎泰丰实业有限公司，作为印染行业的龙头和标杆，牢牢守住环保底线，除了规范排污，还千方百计实现机械设备的自动化、智能化，利用节能减排先进装备，降低物料及能源消耗。

经过政企多年努力，潮南、潮阳印染园区为传统产业转型升级、绿色发展提供了"汕头样板"。以潮南印染园区为例，该园区致力打造集纺织印染、供水、污水处理、再生水利用、热电联产、固废处理与资源化于一体的"六位一体"循环经济产业链模式，目前实现50%以上的污水深度处理后回用和热电厂固废灰渣资源化利用。相关数据显示，企业废水、COD、氨氮年排放量比入园前分别降低52.11%、52.12%、52.08%。企业投产后基本实现"三提三降"，企业生产效率、产能、年均亩产值比入园前分别提高25%、100%、484.94%以上，耗水、耗电、耗气比入园前分别降低27%、36%、30%以上，真正实现产业集聚发展、转型升级和生态环境同步提效。

潮南印染园区已成为印染行业循环经济产业园标杆，为全国类似印染工业园区建设及升级改造提供了发展标本，先后获评"环境污染第三方治理示范园区""广东省循环化改造试点园区""中国纺织印染循环经济产业园示范基地""广东省特色产业园""省级节水型标杆园区"等称号，被列为"一带一路"减污降碳协同增效十大典型案例之一。

"四大工程"——产销"主战场"的锦囊妙计

在中国式现代化建设全局中，现代化产业体系建设是实现经济现代化的重要任务和主要标志。2021年8月发布的《广东省制造业高质量发展"十四五"规划》，将现代轻工纺织产业列为省20个战略性产业集群之一，并明确将汕头列为沿海经济带东翼布局发展"现代轻工纺织产业"的核心城市。汕头纺织服装产业迎来新的发展机遇。

走过产业发展40年的汕头纺织服装产业，一个迫切需要直面的事实是，尽管汕头纺织服装产业链条齐全，供应链体系强大，但产业链上下游"两头"较为薄弱：产业上游原材料生产企业不足，对外来原材料依赖度较高；产业下游的销售、品牌等环节缺失，导致产品附加值偏低。

如何推进纺织服装产业提质增效，为汕头"三新两特一大"产业注入强劲动力？市纺协成立之初就向市委、市政府提出，汕头要加快筹划打造全球纺织品采购中心、纺织工业产业园、展会展览中心、产业总部大厦"四大工程"的建议，并得到市委、市政府的大力支持。

"四大工程"的提出还有另外的"野心"——汕头希望借助"四大工程"的建设，大力引进一批高水平补链、强链、固链项目，致力成为全国乃至全球"纺织品生产＋销售"的"主战场"，助力汕头打造出全国纺织服装产业链最完整、纺织产品最优、专业市场最大的纺织服装产业集群。同时，把握筹办2024年第二十二届国际潮团联谊年会和第十届世界潮商大会的契机，积极开拓国内国际市场，建设具有国际影响力的"中国纺织服装产业基地"。

"四大工程"设想的提出，很快得到响应和落实。2022年初，首届服博会打响汕头推进纺织服装产业发展突破的"第一枪"。开幕式上，汕头市纺织服装产业"四大工程"正式发布。2022年底，产业总部大厦动工。对纺织服装产业链条来说，销售、设计、研发是重点。汕头针对产业创新能力不足、品牌效应不强的状况，着力推动产业向创新化、高端化升级。2023年，汕头成立了全球纺织服装品牌设计师孵化中心，增进行业产品设计开发的协同交流与能力提升。建设中的纺织服装产业总部大厦设计打造产业服务基地、产业智造中心、产业智库中心"一基地、两中心"，为纺织服装产业发展提供顶层支撑，推动产业的研发创新和销售。2023年1月，汕头国际会展中心及配套酒店项目启动建设，总投资19.1亿元，作为承办高水平展会、促进高质量发展的重要载体，集"两大潮人盛会"主会场与粤东会展经济发展主阵地两重重大意义于一体，是筑牢汕头高质量发展的硬支撑。2023年7月3日，总投资305亿元的汕头国际纺织城在汕头市潮阳区谷饶镇开工建设，项目总规划用地面积5000亩，将建设"四大工程"中的全球纺织品采购中心和纺织工业产业园，打造集技术研发、生产制造、产品展销、智慧物流于一体的现代产业园和产业链枢纽。项目推出仅三天，纺织工业园首批厂房预订率超95%，全球纺织品采购中心布料市场店面预订率超 50%。"我们欣喜地看到，汕头每个人都在为国际纺织城代言、都成为纺织城的招商引资代表，全国各纺织服装产业带的企业纷纷到汕头投资设厂。"翁创杰兴奋地说。

至此，"四大工程"全部落地。"小服装"做出"大产业"，"四大工程"的建设，将逐渐补齐纺织服装产业发展"拼图"，为纺织服装产业高质量跨越式发展注入新动力。

汕头纺织服装产业壮大的背后是良好的营商环境在聚合发展信心。2023 年，广东省印发《关于进一步推动纺织服装产业高质量发展的实施意见》，明确支持汕头作为全省纺织服装产业发展核心区之一做大做强。2023 年 3 月，汕头发布《汕头纺织服装产业十条》，对固定资产投资、企业快速入驻、企业经济贡献、高层次设计人才、总部企业落户等方面进行奖励，以及企业免租补贴、行业展览展会补贴等，以真金白银助推汕头纺织服装产业高质量发展。

多措并举之下，汕头纺织服装产业迎来高质量发展的春天。2023 年，受外部环境复杂等因素影响，我国纺织行业产销形势总体较为严峻，企业生产经营压力有所加大，全国、广东省纺织服装产业均出现负增长。而汕头纺织服装工业用电增长近 20%，纺织服装产业逆势而上、率先复苏，呈现产销两旺的喜人态势。如今，包括国际纺织城在内的众多产业项目落地，将进一步加快汕头纺织服装产业集群化、高端化、规范化进程。通过高标准规划建设园区，汕头与浙江义乌、浙江柯桥、福建长乐等产业带达成合作，全国纺织产业链条上的优质企业入驻国际纺织城，巩固提升汕头纺织服装的行业领先地位，让汕头成为全国纺织产品销售大市场，产业集群规模正朝着 2000 亿元一步步迈进，实现从"纺织服装大市"到"纺织服装强市"的蝶变。

风起鮀城催新绿

风电产业的谋篇布局

1988年，汕头市南澳县开始建设陆上风力发电场，逐步建成亚洲排名第一的岛屿风电场。岛上的风车阵矗立山巅，与苍茫云海和浩瀚大洋相映成趣，共同勾勒出一派南粤山水新景象。

南海之滨的汕头何以能成为中国风电开发的先锋？这得归功于汕头的资源优势。汕头地处我国台湾海峡喇叭口西南端，海域风速可达9—10米/秒，年有效平均利用小时数在3800小时以上，属海上一类风电场，这使得汕头发展风电产业的优势得天独厚。风电产业从陆地走向海洋，是大势所趋。相比于陆地，一望无垠的大海没有遮挡，风可以"不折不扣"地到达风机，发电功率更高。此外，将风机安置在海上，也无须占用宝贵的陆地资源。

党的十八大以来，习近平总书记高度重视发展海洋经济。作为海洋经济重要组成部分的海上风电产业，无疑走在了时代的"风口"。近年来，新能源政策"暖风"频吹，也为汕头带来了新的机会。在国家层面，2020年，以习近平同志为核心的党中央作出实现碳达峰、碳中和的重大战略决策。在践行"双碳"国家战略的背景下，发展海上风电产业是应对气候变化、推进能源产业转型升级的突破口，汕头海上风电产业迎来重要发展机遇。2022年6月，国家发展改革委、国家能源局等 9 部门联合印发《"十四五"可再生能源发展规划》将粤东列为全国重点建设的五大海上风电基地之一，而汕头作为其核心区，是打造粤东千万千瓦级海上风电基地的主力军。在省级层面，早在 2018 年 4 月《广东省海上风电发展规划（2017—2030 年）（修编）》发布之时，广东省就计划在汕头布局共 3535 万千瓦风电规划装机容量，约占全省规划装机容量的 53%，占整个粤东区域的 60% 以上。

尽管发展前景大好，但风电要从陆上向海上跨越，并非易事。面对竞争不断加剧的新能源领域，汕头海上风电产业面临着起步较晚、电价降低和航道限制等诸多挑战。为了在激烈的市场竞争中取得突破，就必须推陈出新、出奇制胜。

汕头海上风电在初期发展时，就立足于创新和国际化方向。2021 年 11 月，汕头市第十二次党代会首次提出了国际风电创新港的概念。国际风电创新港是以海上风电资源开发为支撑，以协同创新为驱动，以先进装备制造产业集群为核心，打造服务全球的海上风电产业新城，使汕头逐步成为国家海上风电产业根据地和国际海上风电创新策源地。汕头市打造国际风电创新港的想法得到了广东省委、省政府的高度重视。2022 年 5 月，广东省第十三次党代会报告明确提出支持汕头建设国际风电创新港。2023 年广东省政府工作报告中又再次强调支持汕头国际风电创新港建设。

汕头海上风电的国际化有其自身的优势。从区位优势来看，汕头作为经济特区和国家一类口岸，与全球 57 个国家和地区的 268 个城市有贸易往来，是 21 世纪海上丝绸之路的重要门户；从人文优势看，汕头是全国著名侨乡，海外华侨、港澳台同胞遍布世界 100 多个国家和地区，有助于开拓风电领域国际合作。得益于上述优势，在建成海上风电母港后，汕头能成为覆盖粤东 200 千米范围的运维基地、覆盖东南亚地区 2000 千米范围的施工建设基地以及辐射全球的装备及服务出口基地。

新时代新征程，"风口"上的汕头把握时代机遇，扎实落实国家"双碳"战略，把发展海上风电产业作为以实体经济为本、坚持制造业当家、构建"三新两特一大"产业格局的重中之重，谋划打造海上风电全产业链生态体系，大力建设汕头国际风电创新港，推动风电产业从"陆上"向"海上"迈进。

风电兴市的经济焕发

南澳县南部海域勒门列岛附近，万顷碧波之上风力发电机组如矩阵般迎风矗立，这是汕头首个建成并网的海上风电项目——大唐南澳勒门Ⅰ海上风电项目。该项目于2021年底全容量并网，装机容量为24.5万千瓦，预计年发电量可达7.51亿千瓦时，每年节约标准煤24万吨、减少二氧化碳排放45万吨。汕头南澳岛南部约18千米外的海域上，汕头第二个海上风电项目——华能汕头勒门（二）海上风电项目也于2023年底建成。该项目装机容量60万千瓦，是广东省、汕头市"十四五"时期重点项目，集约、节约用海指标达到广东省领先水平。

众多企业选择汕头投资海上风电，除了看中风能资源优势外，汕头党政对海上风电的重视也是重要因素。2021年以来，汕头建立了海上风电开发和产业发展统筹协调机制，成立了由市委书记任组长、市长任第一副组长的海上风电开发和产业发展领导小组，统筹各项工作，加快推进海上风电项目开发建设。作为项目核准部门，市发展改革局依法依规积极简化办理流程，对于核准材料出现的任何问题，及时通知企业修改并耐心讲解，当好服务企业发展的"店小二"。大唐汕头新能源有限公司的有关负责同志表示，得益于汕头对海上风电的重视，大唐南澳项目跑出了"当年开工、当年建成、当年投产"的速度。

海风不仅为汕头带来了清洁能源，更为汕头"吹"来了一批风电龙头企业。2017年，国内海上风电制造龙头企业——上海电气风电集团率先落户汕头。从这一年开始，一大批风电企业闻"风"而来，共同构筑起日益完善的风电产业链。从 2017 年开始的短短 6 年时间，汕头已落地 14 个海上风电项目。其中，投产项目共 5 个，包括上海电气广东海上风电智能制造项目、上海电气电机厂海上风电直驱发电机产线项目、汕头鲁能新能源产业基地项目、华海海上风电大兆瓦高强度风力发电机舱罩生产项目、固韩重工海洋装备生产基地项目；在建项目共 9 个，全球首个集研发设计、工艺流程、生产制造、检测认证"四个一体化"海上风电装备制造产业项目（含 6 个子项目）、风电临海试验基地项目、海上风电人才培训中心项目等已落地建设。

为承接引进的海上风电项目，汕头市在濠江区规划建设 4200 亩海上风电创新产业园，作为主要承接平台。随着各产业项目的陆续进驻，汕头的海上风电产业发展迎来了新热潮。2023 年 2 月，汕头市高质量发展大会暨汕头国际风电创新港产业项目开工签约大会在濠江区海上风电创新产业园举行，共有 5 个项目签约、8 个项目开工。会上，由 15 家全球海上风电产业链龙头企业共同发起的"汕头国际风电创新港建设联合体"宣告成立，汕头国际风电创新港的建设进一步提速。

全球首个"四个一体化"的全产业链风电产业集群项目是国际风电创新港标志性工程。"四个一体化"项目简单来说就是在一个产业园区内聚集全产业链制造企业，以及检验检测实验室和大型科研装置的完整产业链，将不同厂家变为类似一家工厂的上下游"车间"，使从零部件生产到最终整机产品交付和检测实现一体化整合，促进上下游供应链环节之间紧密衔接，最大限度地实现降本增效。

作为"四个一体化"中的检测认证部分，40MW 级风电机组电气及动力学六自由度实验平台也备受全球行业瞩目。该项目总投资约 8 亿元，建成后将是世界上规模最大、最先进的风电机组六自由度测试平台，可为超大容量的风电机组提供贴近实际工况的实验环境，全面评估和检验风电机组的性能和可靠性。该实验室建成后，将为汕头乃至全国的风电机组的研发设计、生产制造提供强有力的技术支持，为全球风电行业的发展贡献中国智慧和中国力量。

广东省风电临海试验基地是国际风电创新港建设的前瞻性工程，它是由广东电网公司投资建设的国内首个风电临海试验基地，旨在打造大容量海上风电机组"认证检测公共试验平台"。该项目远期规划8个测试机位，一期4个测试机位可为最大24兆瓦风机提供检测，解决了我国大兆瓦风机样机测试难题，划时代开启中国海上风电试验领域由"跟跑"到"领跑"的新篇章。

海上风电母港是海上风电发展的生命线，是汕头国际风电创新港的关键基础设施。为实现原材料及产品的高效运输和进出口，以及海上风电项目施工及运维船舶停靠，海上风电母港必不可少。汕头市加快推动海上风电母港项目建设，充分发挥汕头临港优势，依托汕头广澳深水港的优良条件，规划打造集施工、运维、出口于一体的，服务于全球海上风电市场的国际一流风电母港。项目建成后将成为粤东地区功能最全、规模最大的现代化海上风电专用港口。未来，汕头国际风电母港必将成为我国海上风电产业走向国际市场的"桥头堡"。

这一系列新局面、新突破、新成效，为我们展现了一幅汕头海上风电产业蓬勃发展的新图景。在短短数年里，汕头海上风电产业从零开始，由弱变强，作为汕头市新型工业化的重要组成部分，推动汕头经济由大向强，开启又一轮"向海图强"的奋斗篇章。

海纳百川的风电新城

2024年伊始，广东省委常委会到汕头调研并召开会议专题研究汕头工作，强调汕头要坚定向海图强，壮大海上风电、海洋牧场、临港产业等海洋经济。2024年1月10日，中共汕头市委十二届七次全会暨市委经济工作会议召开，再次强调汕头要大力发展海洋经济。

目前，汕头全市上下正沿着省市会议部署，大力发展海洋经济，举全市之力打造"1+3+3"海上风电生态体系，谋划推动6000万千瓦海上风电开发，高起点、高水平、高标准建设汕头国际风电创新港，逐渐将汕头打造成国际风电领域里新产品、新技术的策源地和发祥地。

首先，汕头国际风电创新港规划现在已初具雏形，未来可期。国际风电创新港建成后，汕头不仅有风电专用物流枢纽的港口码头，还有"四个一体化"风电产业园，是全球首个在一个产业园区聚集了风电整机、叶片、齿轮箱、发电机、轴承等全产业链制造企业，以及检验检测实验室、大型科研装置，从设计研发、技术创新、到生产制造交付的完整产业链的高端园区。

其次，汕头也在积极探索"风电＋经济"，尝试将海上风电与其他产业相融合，同步推进氢能、储能、智慧电气装备等产业发展，形成更加完整、更加庞大的产业体系，打造2000亿元新能源产业集群，充分发挥出海上风电资源的潜力，实现汕头零碳经济的成功转型。

最后，在着力发展本市新能源产业的同时，汕头也在努力推动海上风电产业走向国际。汕头因侨而立、因侨而兴，是海外潮籍华侨华人的重要精神家园。充分发挥"侨"的优势，培育国际竞争优势是汕头国际风电创新港建设过程中做好"侨"文章的重要一环。在2023年11月30日举办的汕头国际风电技术创新大会上，泰国正大集团、菲律宾粤商会、越南粤商会等海外侨企、侨商会与汕头市风能协会签署新能源合作备忘录，旨在增强汕头风能企业与海外侨商在风能开发等新能源领域的深度合作，为汕头风能企业开拓东南亚、欧洲等国际市场搭建重要平台。

"侨"与"风"深度交汇，助力汕头风能企业乘风起航，勇拓国际市场。未来，依托汕头的侨乡优势、临港优势和产业优势，汕头国际风电创新港将会成为全国海上风电产品出口国际市场的重要窗口。

广袤无垠的大海，充满着无限的可能。可以设想，汕头将孕育出一个产业链龙头企业聚集、上下游产业体系健全、创新能力和创新要素完善、公共基础设施齐备、国际化程度高、综合竞争力强的世界级的风电产业集群——汕头国际风电创新港,未来的汕头将是一座服务全球的海上风电产业新城。

潮平岸阔催人进,风起扬帆正当时。汕头将永葆"闯"的精神、"创"的劲头、"干"的作风,坚持以实体经济为本,坚持制造业当家,瞄准高水平打造"汕头国际风电创新港"的建设目标,抢抓时代发展机遇,加快推动海上风电资源开发,前瞻谋划风电产业,打造海上风电全产业链生态体系,建成引领国际海上风电发展的创新发展高地,打造世界级风电产业集群。风电之城,将是这座百年商埠、和美侨乡的美好未来!

风继续"吹",汕头将继续"向海争风"!

存心公舘

中國汕頭存心善堂
SHANTOU CUNXIN MANSION

茶點・工夫茶・文藝演出
養・潮菜・潮汕小吃

2

百年侨乡
近悦远来

春风吹新绿，潮侨归汕头。1860年汕头开埠后，这里的先民从樟林古港出发，"下南洋"谋生。从此，这里成为最重要的海外移民口岸之一，更是千千万万潮侨寄托乡愁的精神家园、反哺家国的一方热土。

瞥见 **特** 别

敢闯敢拼去"过番①"

提起汕头这座城市，总绕不开一群人。他们的根在这里，他们的情在这里，他们虽然身居海外，却始终会被一声"家己人"唤回。他们就是在海外的潮籍华侨华人。据不完全统计，现有约 1500 万潮汕籍华侨华人和港澳台同胞，主要分布于世界 40 多个国家和地区。他们的故事，总值得我们从头细细说起……

"海外第一完人"蚁光炎

19 世纪末期，在中国东南沿海地区，每到冬季都会有一批批的民众登上一艘艘票价低廉的红头船，他们漂洋过海，目的地是海那边的东南亚。此时的海上风云变幻、风高浪急，若是运气不好，遇上台风卷起数米巨浪，那便会使许多心怀"过番梦"的人葬身大海。若能顺利抵达彼岸，自己及家乡亲人的生活或将得到改善。这便是和"闯关东""走西口"并称为中国历史上三次重大人口迁徙的"下南洋"。汕头，就是潮汕先民"下南洋"的出发地之一。

在汕头，有这么一首潮语童谣："天顶两只鹅，阿弟有亩阿兄无。阿弟生仔

---

① 过番是潮汕地区的方言词汇，过番指的是到海外（尤其是南洋）谋生。

叫大伯,大伯听了无奈何,收衫收裤过暹罗。"①这首朗朗上口的潮语童谣,短短几句就道出了潮汕先民被逼无奈出海谋生以及誓要闯出一番事业的决心。对于千千万万的侨胞而言,离开故土的选择是受当时的社会、经济因素所迫,他们旅居海外,拼搏奋斗,逐渐形成了一个庞大的社群;他们用自己努力积攒的财富反哺家乡,为汕头的发展带来了资金、技术和文化。其中,蚁光炎是先行者、佼佼者。

被称为"海外第一完人"、出生在广东省汕头市澄海区东里镇南畔洲村的蚁光炎,就是在17岁那年,毅然登上了红头船。

离乡时,他早已失去了双亲,家中只剩自5岁起就相依为命的两位姐姐和嫂嫂。"不过番,难以实现鸿鹄之志;不过番,难以寻求生活尊严。"心中憋着一股劲儿的蚁光炎,在越南酒厂辛苦打拼了六年后,毅然前往泰国曼谷投靠自己的堂兄。他先是在酱料园里当杂工,后又到码头当搬运工,边干边学,几年下来,已经熟悉掌握了湄南河两岸的物产、商行、仓库码头的情况。抓住泰国发展对外贸易的大好时机,蚁光炎用手头的积蓄买了一艘旧货轮,开始自己的货运事业。兴办船务,创设工厂,大办火砻业(碾米业)……很快,蚁光炎的事业遍及泰国、越南、柬埔寨等地,成为当时泰国有名的华商代表之一。

事业有成之后,蚁光炎心心念念的还是家乡。1933年,回到家乡的蚁光炎发现,村子里还没有一所学校,十分难过。他想起自己出身贫寒,吃过没文化的亏,于是决定出资建设村里的第一所学校——南洲小学校,也就是现在澄海区东里镇南洲村的南洲小学。此后,蚁光炎还捐助了汕头其他地区的学校。受他的影响,改革开放后,南洲村的华侨也陆续捐资支持学校的建设,1993年,蚁光炎家族还捐资在南洲小学建了蚁光炎纪念堂。如今走进南洲小学,还能见到一座两层楼高的建筑,这里便是蚁光炎纪念堂。纪念堂内,摆放着的蚁光炎

---

① 暹罗是旧时潮汕人对泰国的称谓。

雕塑正是我们所熟悉的身着白色西装的蚁光炎形象。

20世纪20年代，粤东台风、水灾频繁发生，蚁光炎的家乡也受水灾影响严重。闻讯后，蚁光炎即刻赶回国参与救灾。抗日战争爆发后，潮汕地区又逢自然灾害，致使米粮短缺，蚁光炎便以泰国潮州会馆的名义从泰国购买大米运回家乡平价卖出。如此乐善好施的蚁光炎，在个人生活上极为节俭，吃穿用度极为朴素，只有在社交活动时才穿上西装。这位著名的海外侨领，用自己的行动践行着潮人身上勤俭节约、爱国爱乡的宝贵精神。

汕头是一座红色基因深厚的城市，也是一座英雄豪杰辈出的城市。当故土遭受侵略、当家乡亲人遭受苦难时，身处海外的潮籍华侨们身体里流淌的血脉似被激发了一样，义无反顾地投入救亡图存的行动中。

20世纪30年代，在祖国进行旷日持久的抗日战争的时候，作为泰国中华总商会主席的蚁光炎，就在曼谷发动了一场声势浩大的抵制日货行动，与祖国的抗日战争遥相呼应。在这次抵制日货的行动中，蚁光炎下令停运自己庞大的船队，禁止自己的火砻厂向日本出口大米。尽管这样做会让他的企业每天承受巨大损失，但他还是决心抗日到底。不仅如此，蚁光炎还与好友组织抗日募捐、出售爱国公债。据1939年在重庆出版的《华侨先锋》披露，蚁光炎发动的侨胞捐款总计在600万元以上，其中还不包括救国公债和抗日物资的数量。他们以"暹罗华侨慈善筹赈会"的名义，向中国西南大后方的滇缅公路捐献汽车和药品，还在滇缅公路附近一个叫"佛海"的地方出资建设基地。之后，许多泰国华侨捐献的物资都通过该基地转运到滇缅公路。

"我们都是中国人，救国人人有责。"这句口号就是蚁光炎在号召大家抗日的时候提出的。这场轰轰烈烈的抗日救国运动，极大地影响了当时在泰的爱国青年。他们中有许多人回国报考军校，也有的在蚁光炎的推荐下，奔赴陕北抗日根据地延安。他们挺身奔赴祖国，为祖国抗日作出贡献，甚至奉献出宝贵的生命。

1939 年后，蚁光炎通过香港银行渠道，通过宋庆龄、廖承志等向八路军、新四军捐款，捐赠卡车、抗日物资，大力支持八路军、新四军抗日。正是如此坚决的抗日行动，也让蚁光炎成为许多亲日派势力的眼中钉。1939 年 11 月 21 日，蚁光炎的夫人刘若英与妹妹一起到泰国曼谷耀华力路的杭州戏院看戏。蚁光炎当晚开完会后，便驱车前往杭州戏院接夫人和妻妹。当晚 10 时，蚁光炎打开自己的车门，正准备让刘若英与妹妹上车，就在这个间隙，埋伏在附近的凶手出动了，"呼"的一声枪响，蚁光炎右臂受伤，凶手在他倒下之时抓紧上前朝他连开三枪。被连续击中要害的蚁光炎在被送到医院时已气息微弱，但他依旧用坚毅的语气说出最后一句话："我虽死，你们不用痛心，中国必定胜利。"蚁光炎创办的《中原报》连夜印刷出版蚁光炎遇害新闻。这则爆炸性的新闻瞬间传遍了华侨所在的各个国家。他的去世激发了国人心中的悲愤，让当时参加追悼会的国人更深刻地意识到众志成城、抗日救国的意义，让更多的泰国华侨加入到支持祖国抗战的斗争中。1945 年，日本投降，中国抗日战争取得最终胜利。

1997 年汕头市委统战部、汕头市侨联发起，在汕头桑浦山半山腰建立蚁光炎纪念亭，以此缅怀蚁光炎先生为祖国、为中国抗日战争所做的一切。纪念亭里，蚁光炎先生的雕像还是人们熟悉的模样——戴着标志性黑框眼镜，身着白色西装，和蔼可亲又一身正气。这里，如今已是汕头市爱国主义教育基地。

一代侨领，一生克己奉公、以身许国。他的传奇经历，在海内外华侨华人中竖起一座不朽的精神丰碑。与他同时或在他之后，还有许许多多海外华侨投身到祖国的抗日斗争，为了家国不受凌辱，为了终将到来的和平生活而奋斗。尽管身处海外，但是，他们从不曾忘记自己的故土。

"0001 号"外商谢国民

汕头作为侨乡，这座城市的现代化发展与华侨的发展息息相关。许多华侨在海外创办了企业后，都通过各种方式回到家乡汕头投资，或开展各种交流活动。你来我往间，促进了汕头的工商业发展，既为家乡创造了更多的就业机会，也提高了家乡亲人的生活水平。尤其是改革开放后，心系桑梓的潮籍华侨华人踊跃回到汕头投资，或进行商贸往来，或扶持亲属创业走发家致富道路，不仅带来资本，而且引进先进设备、生产技术和企业管理经验，极大促进了汕头经济发展，加快了汕头工业现代化进程的脚步。从 1984 年至今，共吸引来自约 44 个国家和地区的外商直接投资企业 6369 家，其中华侨华人投资项目累计 5923 个，合同金额约 158 亿美元，累计实际吸收侨资金额 94.6 亿美元；接受华侨华人、港澳同胞捐赠款物总值人民币逾百亿元。[1]

《清稗类钞》一书中有载："潮人善经商，窭空之子，只身出洋，皮枕毡衾以外无长物。受雇数年，稍稍谋独立之业。再越数年，几无一不作海外巨商矣。"一批又一批过番的潮汕先民，身上有一股子与生俱来的"海洋精神"，他们以惊人的适应能力、敏锐的商业头脑和吃苦耐劳、团结拼搏的精神带来巨大的推动力，既为自己创造了生存环境，也为居留地的发展作出积极的贡献。在离家闯荡多年、历经风雨飘摇后，这个庞大的潮侨群体乡音无改、潮风依旧，怀着一颗颗桑梓之心为家乡作出了巨大贡献。

20 世纪初，汕头外砂蓬中村的谢氏家族南下泰国。1921 年在曼谷唐人街上，谢易初、谢少飞开办了第一家"正大庄"种子行，这便是现在人们所熟知的正大集团的前身。

"落叶归根"是中国人的传统观念，海外华侨华人也长期秉持这样的理念。背井离乡出国谋生终究是无奈之举，1949 年新中国的成立给诸多海外游子带来了希望，爱国情怀和归国的想法被点燃。对于远在泰国的谢易初而言，随着生

---

[1] 《广东汕头：写好新时代"侨"文章》，中国侨联，http://mp.weixin.qq.com/s/hox-3q0yFenm_QQhuDVCHlg。

意发展壮大，心系故土的他想要回中国投资发展的想法越发浓烈。他将自己的四个儿子分别取名正民、大民、中民和国民，连起来恰好是"正大中国"，所要隐喻的，便是正大集团要为中国发展作贡献的愿景。而这也成为这家侨商企业在中国版图拓展的初心。从1946年到1965年，谢易初的企业一直以家乡澄海为基地，进行农业技术的试验和推广。

1968年，谢国民从父亲手里接过正大集团，更秉承了父亲炽热的家国情怀，走上实业报国、反哺家乡之路。1979年，中国颁发了《中外合资经营企业法》。当时中国刚刚改革开放，前景并不明朗。有的外资企业都是抱着观望的态度。可是，对谢氏家族来说，这是等待已久的利好消息，谢国民第一时间带领人员回国考察。1981年1月，正大康地有限公司在深圳注册，获得深圳市"0001号"外商投资企业批准证书。这是中国特区最早、最大的外商投资项目。随后，正大集团又相继在珠海、汕头领取了"0001号"外资企业批准证书。谢国民和正大集团由此开启了"中国之旅"。据泰国正大集团资深副董事长、泰中促进投资贸易商会主席李绍祝回忆："谢国民董事长对汕头非常重视，我就是1980年最早一批被他带过来（汕头考察）的。当时董事长看到汕头人才济济，就说要想办法帮助这些人解决就业问题。于是当时办了一个地毯厂，这在当时吸引了一些年轻女孩子来织地毯，解决了她们的就业问题。"这便是汕头经济特区设立后第一家外资企业——1981年，正大集团在汕头经济特区投资700万港元创办的独资企业地毯厂。

40多年来，正大集团已在汕头投资开办饲料厂、物流中心等多家企业和各类业态零售门店。

"我们为什么敢于率先投资，基于两点。一是希望为祖（籍）国的经济发展做点贡献，二是看到了中国巨大的市场潜力。"回忆当初的举动，谢国民如是说。

1997年，亚洲金融风暴，谢国民和他所带领的正大集团遭遇前所未有的经营危机。谢国民后来回忆说，这是他"一生中碰到的最大的困难"。危急关头，谢国民做了艰难的决定——断臂求生。除了食品业根基不动，他抛售了泰国境内莲花超市等大批资产，关闭了亚太石化等长期亏损企业，并紧急裁员。这样的断臂求生，帮正大集团稳住了基本盘，避免了破产重组。即便在最艰难的时刻，谢国民也没有卖掉中国的优质资产，反而加大了投资。1997年，在卖掉泰国莲花超市的同时，正大集团在中国的第一家易初莲花超市在上海开张。莲花超市正式转战中国市场。同样在1997年11月17日，汕头市区东区也有一座正大万客隆（后更名易初莲花、卜蜂莲花）正式开业。它是汕头第一家大型超市，购物便利性和商品多样性让它成为当时人们选购日常用品的不二之选。它见证着汕头东区的崛起，成为汕头人心中一座标志性的建筑。2020年，这个有着近22年历史的大型购物广场正式启动升级改造。它是汕头市三旧改造中"商改商"的示范性标杆项目。未来，这里将被打造成一个集潮汕文化体验、城市活动中心、夜间经济体验于一体的消费升级型城市公共空间，正大集团在汕头的又一张新蓝图正在绘就中。

亚洲金融风暴后，正大集团更坚定了投资中国的决心。如今，正大集团在中国设立的企业有400多家，员工8万多人，总投资超1200亿元，年销售额近1200亿元，是在华投资规模最大、投资项目最多、投资金额最大的外商之一。

回顾与中国改革开放浪潮共激荡的进程，谢国民感慨道，他是中国改革开放的参与者与见证者，"从外汇缺少、人才缺乏，到外汇储备充足、创新创业氛围浓厚，我们希望在中国走出去、强起来的进程中，依然走在前头"。

多年来，除了持续在家乡汕头投资实业，谢氏家族还热心投身公益事业。汕头人民所熟悉的很多医院、学校，比如澄海华侨医院、华侨中学、华侨小学、蓬中华侨学校、谢易初中学、正大体育馆等，都是他们捐建的。此外，谢氏家族还赞助潮汕星河奖基金，设立奖教奖学基金等，累计捐资约2亿元人民币，以实际行动践行爱国爱乡的初心。

2023年9月22日到24日，泰国正大集团资深董事长谢国民先生携家人来汕访问，这既是新冠疫情后谢国民先生首次回汕，也是谢氏家族到访汕头成员最多的一次。再次踏上故乡的土地，谢国民与家人寻根之旅的第一站就是外砂街道蓬中村——其父亲谢易初出生的地方。回到蓬中村，谢国民与乡亲们执手互相问候，用最熟悉亲切的乡音，闲话家常。

蓬中村是龙湖区最具代表性的侨乡，海外侨胞约有1.2万人。2021年，龙湖区外砂街道启动蓬中村上厝祠、中厝祠、下厝祠三个祠堂的修缮改造，这正是谢氏家族的祠堂。正大集团谢国民家族捐款500万元，将三个祠堂修缮改造为外砂华侨文化展览馆、华侨联谊中心、侨胞之家，以此推动"文化外砂·红侨根脉"乡村振兴示范带建设，洞开一扇留住海外侨胞"根"的记忆、赓续海外侨胞"乡"的情怀的窗门，鼓励广大海外侨胞共同参与家乡建设。2023年10月30日，汕头市龙湖区在"最美侨村"蓬中村举行外砂华侨文化展览馆、华侨联谊中心、侨胞之家开馆仪式。

对谢国民而言，不忘故土、感恩报本是潮人精神所在，"企业发展创造的利润，要回馈给我的故乡。我要把潮人感恩报本的这种精神和美德传给我的后代，让侨三代、侨四代都能来反哺家乡"。此次重游故土，谢国民特意把儿子、女儿和其他家庭成员带在身边，一齐回故居叙乡情，访侨宅听侨音，下企业觅商机，看项目谋发展……每一步都牵引和见证着侨后代对祖国、对家乡的文化认同在加深、情感归属在增强。侨后代对祖国和家乡的向心力也越来越大。"作为子女，从小就受到祖辈和父辈深厚家乡情结的感染，深知根之所在、心之所向。未来我也将把拳拳爱国心根植到后代当中，共同再续家乡辉煌。"正大集团董事长、谢国民长子谢吉人在此次汕头行中由衷说道。

"如果全国的潮人、世界的潮人都来投资家乡，那汕头未来一定会实现腾飞。"如谢国民所言："望世界潮人都支持家乡建设，实现共赢。"

"侨"见"青"力量

时间的浪潮席卷向前，华侨华人与故乡汕头的情谊一如往昔甚至越发紧密。他们携手迎来了新的发展机遇。前行中的汕头欣喜地看到了潮侨群体中越来越多的青年力量。他们顺应时代大势，把握发展机遇，充分发挥自身优势，始终心系故土，成为助推汕头高质量发展的重要力量。

张钦伟：从"百万负翁"到"内衣王子"

1978年底，汕头市潮阳区谷饶镇一个姓张的普通家庭里，迎来了第一个孩子。这便是张钦伟。待张钦伟大学毕业时，家里已经因为要供3个孩子读书负债10多万元。见此情况，张钦伟决定选择经商之路。他只有一个想法——要为家里还债。于是，带着3500元的张钦伟，只身前往北京闯荡。

当时汕头轻工产品加工市场已初具规模，谷饶也已是国内知名的"内衣重镇"。为了帮助孩子创业，张钦伟的父母说服了左邻右舍，才让他们同意把自家内衣产品交给张钦伟，让他带到北京代销。这个初次外出闯荡的小伙子，在北京的雅宝路外贸批发一条街，开始了创业的第一步。与其他"北漂"创业者一样，张钦伟经历了很多困难，但他总告诉自己："我是潮汕人，没有我吃不了的苦。"就这样，凭借潮汕人吃苦耐劳、敢闯敢拼的精神，凭借家乡的"潮货"内衣，张钦伟一步一步建立起自己的市场网络，迅速成长为"内衣专家"，也为他赚得人生的"第一桶金"。

不幸的是，他却在创业上升期意外被客户骗取巨额货款。上俄罗斯讨债无果的他只好承受巨大损失，一夜之间，他成了一个"百万负翁"。在家人和亲友的鼓励下，他再一次打起精神谋划自己的第二次创业。

2001年，中国加入WTO，正式成为世界贸易组织成员。也是这一年，张钦伟在朋友的介绍下来到迪拜。当时他判断：国内民营经济异军突起，生产能力日益增强，将有越来越多企业"走出去"，物美价廉的"中国制造"也将越来越受到世界青睐。

第二次创业，张钦伟选择的依然是来自家乡的"潮货"，并在迪拜当时最繁华的市场木须巴扎推销。但是因为付不起转让金，张钦伟一直没有自己的店面。他在市场内看中了一个小档口，但手头缺乏资金，便尝试着跟店主商量，让他先经营一段时间，半年后保证支付转让金。没想到的是店主很快就答应了。原来，平日里张钦伟在市场里东奔西跑的身影，早已被店主看在眼里，加之他带来的"潮货"质量有保证，赢得了店主的认可和信任。张钦伟也很争气。不到半年，他靠着销售"潮货"提前偿还了档口的转让金。2002年，张钦伟的"好来头"公司在迪拜正式注册，公司的名气越来越大，他也获得"内衣王子"的称号。

尽管内衣事业越做越好，但张钦伟并没有沉浸其中。潮商敢闯敢拼的基因，让他始终以清醒敏锐的眼光观察着周围的市场。他发现，虽然迪拜的华侨华商日益增多，却如同"一盘散沙"，经营规模不集中，竞争能力难成气候。他寻思着，如何才能让"中国制造"更加集约化、规模化地展示出来呢？在充分市场调研的基础上，张钦伟加大了对中国商品贸易城的策划和建设力度，在木须巴扎租下了一栋大厦，开设阿联酋中国批发城，打造首个华人服装批发城。随后，他又投资开办阿联酋手机批发城、地球村灯展城等。

2010年，在广东省人民政府、广东省贸促会、中国驻阿使领馆和阿联酋有关部门的支持指导下，旅居在阿联酋的广东侨胞、广东企业家自发成立阿联酋广东商会（后更名为阿联酋粤商会）。这是广东省在海外设立的第三个广东商会。张钦伟被推选为首任会长。

在事业发展之后，张钦伟不忘回报家乡。张钦伟在高中时期就加入了中国共产党，共产党员的先锋模范作用始终激励着他，热爱祖国、热爱家乡的情感已融入他的血液。这些年，张钦伟在汕头企业和迪拜企业间搭起桥梁，让他们相互交流、学习，促成合作。他将家乡的针织品、玩具、毛衣、化妆品等带到国外，让家乡的中小企业也能完成跨国梦。

对于家乡公益事业，他同样不遗余力。在获悉粤东地区发生"8·30"洪涝灾害、台风"山竹"对广东造成严重影响后，他带领阿联酋广东商会，通过各种渠道捐赠资金、物资和救护车，用于潮汕的救灾工作。在祖国暴发新冠疫情的第一时间，张钦伟号召商会成员和迪拜潮籍侨胞，火速从阿联酋和沙特采购700多万个N95等型号的口罩物资，空运到家乡汕头以及广州、深圳、武汉等地，支援抗疫。

这位"70后"的侨潮青年表示，他将一如既往和阿联酋广东商会同仁及潮汕乡亲一起开创侨商发展的新局面，谱写新篇章。

姚铨浩：圆父亲一个"朴素"的愿望

迈进新时代，越来越多的潮侨青年进入了人们的视线。虽然奋斗领域不同，成长环境也不同，但他们从祖辈传承下来的爱国爱乡的情怀却始终不曾改变。

2022年5月，在汕头市潮阳区海门镇莲花峰风景区内，占地4800平方米、建筑面积约2800平方米，预计藏书总量超过12万册的崭新的现代化图书馆——海门图书馆举行了隆重的捐赠仪式。海门图书馆由香港汕头社团总会常务副主席、香港金荣集团董事长姚铨浩及胞弟姚楚彬投资2200万元建设，于2018年10月开工，至2022年3月建成。姚铨浩及胞弟姚楚彬要把这个图书馆捐给家乡海门镇。

"80后"的姚铨浩自幼跟随家人离开汕头到香港，之后到国外留学，毕业后回国创业。虽然在家乡生活的时间并不长，但受父亲影响，他内心深处始终秉持一颗爱国爱乡的赤子之心。

姚铨浩的父亲姚金荣先生一生心系社会公益事业，一直教导儿女要乐善好施，扶危济困。他言传身教，经常教导儿女"立身以立学为先，立学以读书为本"，督促后代在瞬息万变的时代，要不断学习才能与时俱进，以面对社会的变化和挑战。海门图书馆建成时，姚铨浩接受媒体采访时曾回忆说："父亲生前曾说过一句话'以后如果有机会，要回家乡建一个图书馆'，这句话我一直记在心上。"

建成后的海门图书馆，藏书总量超过12万册，藏书范围涵盖传统文化、现代文学及期刊等。它的出现，也进一步丰富了海门镇的文化资源。它不仅是一个图书馆，还附设儿童阅读休闲区、学生自习区、报纸周刊交流区，可免费开放给公众使用。此外，图书馆里还配备有多功能厅，可供人们举办文化沙龙、主题展览等活动。姚铨浩表示："作为港澳同胞的一员，能为家乡尽绵薄之力，我感到十分自豪。希望这一良善之举能起到抛砖引玉的作用，感染更多的海内外乡亲助力家乡新发展。"

在图书馆大门前，6根带有15度倾斜角的柱子，如同微微鞠躬的人物形象，传递着对万物抱有孝敬恭谦的态度。在姚铨浩心里，不管离家多远，自己始终是一个汕头人、潮阳人、海门人。他说："在外说到汕头，就感觉是家，我们的家乡情怀非常重。作为一个青年人，我觉得应该带领港澳和海外的青年朋友多回家看看，有能力、有条件的话，要多为家乡作一些贡献。"

树高千尺有根，水流万里有源。作为新生代潮侨青年，家乡不仅是他们温暖的港湾，也是他们投资兴业的热土。他们用新眼光关注家乡的新变化，始终与家乡心连心。

瞰见 **特** 别

侨韵汕头底蕴深

纸短情长侨批寄

在潮汕方言中,"信"即为"批",海外华侨通过"水客"和侨批馆等民间渠道,汇到家乡给侨眷的银信合一的特殊汇款凭证便是侨批。侨批是华侨华人在特殊历史条件下产生的一种独特文化,盛行于19世纪中叶至20世纪70年代。

2020年10月13日,习近平总书记在汕头考察调研时参观了汕头侨批文物馆,听取侨批历史和潮汕华侨文化介绍。习近平总书记强调,侨批既记载了老一辈海外侨胞艰难的创业史和浓厚的家国情怀,也是中华民族讲信誉、守承诺的重要体现。要保护好这些侨批文物,加强研究,教育引导人们不忘近代我国经历的屈辱史和老一辈侨胞艰难的创业史,并推动全社会加强诚信建设。

在此之前,侨批早已退出历史舞台,蒙尘在侨眷的家中。2000年11月,在潮汕历史文化研究中心举办的潮学讲座上,饶宗颐先生提出"从经济史来看"侨批与徽州的契约价值相等。据汕头侨批文物馆首任馆长王炜中回忆,当时"饶老的这番论述,让研究中心工作人员茅塞顿开,决定把研究侨批摆在工作的重中之重"。随后,在汕头市委和市政府支持下,研究中心工作人员一方面加强对侨批文献的征集整理;另一方面创办《侨批文化》半年刊。2004年4月,国内首家侨批文物馆——汕头侨批馆成立。2010年2月,"侨批档案"入选《中国档案文献遗产名录》；2012年5月入选《世界记忆亚太地区名录》；2013年6月入选联合国教科文组织《世界记忆名录》。至此，曾经"养在深闺人未识"的藏品陆续引起部分专家学者的关注。

然而，要让侨批真正"活起来""走出去"，还差点火候。彼时的侨批征集保护工作，更多还是依靠民间力量，因此还有很多的侨批原件散落在海内外民间，尚待收集和保护。针对侨批档案资源开发程度低，侨批文化传播力和影响力不足等问题，汕头大力实施侨批记忆工程，在做好侨批档案征集、保护和管理的基础上，着力加强研究、开发和利用。但随着时间的流逝，侨批的征集和研究难度也会越来越大。

要解决问题，就意味着要大刀阔斧地改变。对于侨批馆的工作人员来说，第一个直观的感受就是"身份"变了，从前汕头侨批文物馆是潮汕历史文化研究中心所设，是民间机构，现在变成了汕头市档案馆侨批分馆，由汕头市档案馆负责管理。侨批档案找到了专业对口的归处——被依法纳入档案部门管理，汕头市档案馆还增设了侨批档案部，专门从事侨批档案征集、管理、研究、开发工作。对侨批档案工作的组织领导，就从以往依靠民间学术机构、海内外知名潮籍人士等民间力量自发推动的局面，转变为党委直接领导，档案、侨务、宣传、文旅等相关部门协同推进，社会各界力量积极参与的强有力模式。随后，汕头还制定实施《汕头市加强侨批档案工作实施方案》，从侨批档案的抢救保护、安全管理、开发利用等方面提出15项工作任务，让各相关部门职责分工更明晰，工作更能落到实处。汕头市档案馆也专门组建侨批档案工作专班，聘用侨批文物馆5位研究专家，发挥"传、帮、带"作用，着力培养年轻一代侨批文化研究者，组建侨批鉴定专家库，为侨批研究、征集、征购等工作提供专业技术支撑。

做足专业的准备，汕头开始加大侨批征集征购力度。首先，通过召开座谈会、上门走访等方式开展摸底调查，全面掌握了全市范围内的侨批档案存量、保存现状等基本情况，同时，面向海内外发布侨批征集公告，启动侨批档案征购程序，掀起民间捐赠热潮。自2020年10月以来，汕头市档案馆共接收了4万多封侨批实体及相关资料，其中汕头市民马娅女士和女儿麦琳琳先后捐赠40121封、8000封侨批实体，泰国中国和平统一促进总会潮团通过走访100多位旅泰侨领、收藏家、老华侨，收集到200多份侨批回批赠予汕头……汕头侨批文物馆馆藏日益增加，涵盖的内容也越发广泛。目前，汕头市档案馆侨批原件馆藏量已超8.6万封，成为国内实寄侨批原件藏量最多的国家综合档案馆。

虽然收集收购了大量的侨批，但是，如何归档整理、如何修复破损严重的旧侨批，是摆在侨批保护工作面前的一道难关。为此，汕头市档案馆专设侨批特藏库，集中力量对侨批档案进行规范化整理，逐一进行编号入袋入盒入柜，采用制式设施存储，严格落实特藏库房管理制度和档案"八防"措施，确保侨批档案的安全可靠。同时，组织专业技术人员对30499封破损严重的侨批档案进行抢救性修复，最大限度地保持档案原貌和内容完整。此外，还与高校合作创建"潮汕文献数据库·侨批数据库"及侨批档案检索系统，对侨批文献进行数字化存储，建立共享平台，共对2万多封侨批进行了数字化存储，对4万多封侨批档案进行了著录，并完成制作一批普通侨批仿真件和精品侨批仿真件。如今，汕头已构建起一整套完备的馆藏保护体系，让每一份侨批回到"家"后都能得到长久、安全的保护。

侨批是人类共同的记忆遗产，要让侨批被更多人所熟知，只靠征集保护还不够。想要实现侨批文化创造性转化和创新性发展，离不开深入的研究。为此，汕头从学术、文旅、教育三方面同步推进，不断挖掘蕴含在侨批中的历史故事、华侨精神和文化品格。这是一场和时间赛跑的研究，汕头组织采访了15位在侨批档案申报《世界记忆名录》中作出重大贡献的老一辈侨批档案专家、海内外热心人士以及从事侨批工作的"批脚""批局"后人等，收集侨批申遗过程中的珍贵历史资料，先后编著出版《汕头市档案馆侨批资料丛编》《泰国潮属侨批业商号印记及简况》《谢昭璧捐赠侨批档案萃编》《侨批印记》等书籍。不仅如此，汕头还结合特有的文化资源和侨乡印记，将汕头侨批文物馆与西堤公园侨批纪念广场、潮汕历史文化博览中心、樟林古港等文旅资源串珠成链，打造侨批主题旅游线路，深受海内外游客的欢迎。令人欣喜的是，2020年10月之后，到汕头侨批文物馆参观的人数激增。单2020年10月中旬到12月中旬，两个月的时间里侨批馆接待参观者就超2.5万人次，比前一年的接待量还要多。讲解员们每天的工作都很忙碌。如今，侨批不再是"养在深闺人未识"的藏品，而是真正"活起来""走出去"，不断呈现着新的"打开方式"，"破界出圈"的同时也与更多年轻人产生了共鸣。

游客观赏汕头侨批文物馆内展陈的侨批（方淦明 摄）

在汕头的校园里，"海纳百川，自强不息——红头船精神"专题展览巡展、"百年侨批今回批"综合实践活动、"一笔写侨心"潮侨文化进校园活动暨国际侨批书写邀请赛、走进汕头侨批文物馆等活动，以及围绕侨批开展的语文、英语、历史、地理、书法等各种特色课程，让侨批成为莘莘学子熟悉的家乡文化符号。

在汕头文旅市场，汕头侨批局旧址、侨批题材话剧《风雨侨批》、侨批纪念邮册、侨批文创产品等，都受到年轻人的喜爱。如今来汕头旅游，买侨批、写侨批成了旅游打卡的特殊方式。据统计，仅2023年，汕头有关部门已接待港澳台侨访问团近250批次超4000人次。有意思的是，凡是访问团出现的地方，必然有侨批的踪迹。不管是将"侨批"元素融入中国数字经济创新发展大会、第二十二届国际潮团联谊年会申办、国际潮团总会2023年度会员大会等重要会议的领导嘉宾信封及贺卡、日程单页、媒体手册当中，还是组织来汕侨胞参观侨批陈列、观看侨批主题文艺作品，将侨批件、文创产品作为涉侨活动赠礼等，侨批已成为汕头市各类涉侨活动中不可或缺的元素。

2023年是侨批档案入选联合国教科文组织《世界记忆名录》10周年。这一年5月，侨批首次走出汕头，到香港举办"侨批纸短·家国情长"汕头侨批文化艺术展；也是在这一年7月，侨批首次走出国门，在泰国举办"三江出海·一纸还乡"侨批历史文化展。在泰展览首日，泰国中华总商会主席林楚钦如约而至，只是他未曾想到，时隔几十年，他居然能在侨批展现场收到一份来自汕头的"神秘大礼"——两封父亲曾经从泰国寄回家乡的批信（仿制件）。主办方在筹备展览期间无意得知林楚钦挂念父亲寄批往事，就到他的故乡寻觅，最终找到了两封由林楚钦父亲寄给侄儿的侨批。认出侨批那一刻，林楚钦瞬间热泪盈眶。看到父亲的侨批后，林楚钦坚定了要回乡看一看的决心。一个月后，林楚钦特意调整公务，赴汕头出席2023中国数字经济创新发展大会并表态："家乡的盛事就是我的大事。"侨批是家国情感的纽带，以前是，现在更是。

汕头已先后在香港、泰国、北京、深圳、广州举办了侨批展览，现场新颖的展现方式吸引着众多参观者。但是，不管是体验写侨批，还是寄侨批，最终令参观者印象深刻的，仍旧是几十年乃至百年前写在侨批上那一句句质朴家书——"迢递客乡去路遥，断肠暮暮复朝朝。风光梓里成虚梦，惆怅何时始得消。"

"女在街边卖霜，尚无从维持生活，焉有余钱寄批，然念白发老母年迈，受此惨痛，在女何其忍心，故而节省日常用费，付去以赎天伦之罪。"

在不同的展览现场，不少年轻的参观者坦言，以前虽听说过侨批，但并没有这么深入认真地了解过侨批背后蕴含的历史价值和人文精神，幸得一场侨批展览得以一览无遗，深受鼓舞。"一封侨批，联系了人与人之间、人与父母家庭之间的感情，原来华侨对家庭、对自己的国家始终有一份沉甸甸的责任。"家国情怀，是侨批留给每位了解它的人最深沉的感触。

古村侨宅今犹在

故乡的房子，就像游子心中指引归途的灯塔，寻着它，乡愁就有了可以安放的地方。从汕头走出去的侨胞们，奋斗之余时刻不忘故土。事业有成之后，他们都有一个共同的心愿——衣锦还乡，在故乡兴建府第院宅。20世纪伊始，汕头大地便陆续出现许多别具一格的侨乡民居。对于侨胞来说，侨房就是"根"和"脉"。不管走出去多远，只要有条件，他们都会回来，带着自己的后代回来，看看这代表着自己的"根"的房子。

"岭南第一侨宅"——陈慈黉故居

在汕头市澄海区隆都镇前美村，就有一座远近闻名的"岭南第一侨宅"——陈慈黉故居。这座侨居建筑始建于1910年，一直延续到抗日战争前，历时近半个世纪，集陈家几代人的心血建成。它是中国早期典型的中西合璧建筑风格，格局以传统"驷马拖车"糅合西式洋楼，点缀亭台楼阁，通廊天桥，萦回曲折，进之如入迷宫，集古今中外宅居建筑精华于一体，既古朴典雅，又富丽堂皇，连片成群，是潮汕地区乃至全国罕见的民居建筑。如今，它也是国家 AAAA 级旅游景区和广东省省级文物保护单位。

崛起于一百多年前的簧利家族，如今枝繁叶茂，家族成员遍布东南亚、欧美及中国香港、澳门等地，产业涵盖金融、贸易、海运、加工业和其他新兴领域，现在仍是海外华人当中最具有影响力的家族之一。对于家乡的这座故居，如何能让它在今天继续发挥作用，簧利家族一直在思考。2019 年初，陈慈簧家族后人来汕头参观考察后，对此故居十分欣赏，觉得这里是可以做一些"文章"的。于是，他们注册了现在的广东省陈簧利文化投资有限公司，把家乡作为国内投资重心，以陈慈簧故居为载体，以"侨居、侨情、侨归"为主线，打造全国侨文化示范基地。2023 年 2 月，中国侨商投资（广东）大会上，汕头市人民政府与侨资企业广东省陈簧利文化投资有限公司签订战略合作框架协议，积极推进汕头本土文旅产业融入广东省高质量发展大格局。总投资约 28 亿元的"风起潮庐项目"正式启动，对陈慈簧故居进行全面修缮改造提升，涵盖善居室、寿康里、竹宅古村落、故居入口、景区周边、侨文化产业六大板块。2023 年 9 月，"簧利大讲堂"正式成立，聘请文化名家、工艺大师、非遗传承人开设讲座，定期举办潮汕文化、侨文化、民俗文化及灯谜、剪纸、书画、壁画、潮绣等课程，将陈慈簧故居打造为传播潮汕文化、讲好侨乡故事的平台，让故居成为汕头对外文化展示的窗口和链接海外华侨情感的纽带。"岭南第一侨宅"从此有了新的使命。

社区型侨博馆——月德楼

同是侨居，汕头市濠江区广澳街道东湖社区的侨居规模虽然没有陈慈簧故居那么大，但是素有"番客村"之称的东湖，侨胞众多，侨居以数量取胜，别有一番特色。

这里有一幢中西合璧、风格独特的民居，是旅外侨胞李月德、李喜德兄弟于 1948 年在家乡修筑的住房，又称月德楼。但是，因为种种客观原因，不是每一栋侨居都能得到家族后人妥善的管理和安置，随着时光流逝和城市化建设的推进，这些建筑群面临业主管理难、修缮筹资难、保护利用难的"三难"问题，很多珍贵的"侨"建筑面临消亡危险，月德楼便是其中之一。

不能看着侨居就这样消亡，它们既是华侨爱国爱乡的见证，也是华侨心中的乡愁记忆。每一座侨房背后都有精美动人的故事，如果能保护好闲置侨房，将是一项意义深远的留根工程。于是，汕头率先在濠江"最美侨村"东湖社区先行试点，创新开展"侨房管家"新实践，加强对闲置侨房的保护利用。

"侨房管家"的首要任务，就是全面开展闲置侨房普查。之后，需要建立侨房专档，认证房主信息，建立房源台账，实现"一房一议""一厝一管"。这样，才方便对受委托管理的侨房进行必要的安全养护、保育活化和运营管理。经过几番查找，"侨房管家"的工作人员联系上了月德楼主人李氏兄弟的后人，经过沟通，李氏兄弟的后人同意对月德楼进行升级改造，不仅对房屋进行修缮优化、结构加固，同时更新空间、规整布展，让它变成一个集党建、村史、侨务于一体的社区型侨博馆。这也是目前汕头唯一一个社区型侨博馆。

如今走进东湖社区，月德楼早已焕然一新。其建筑仍旧保留侨居原貌，是一幢 2 层楼高、中西合璧的房子。走进楼内，"东湖侨史""情系东湖""侨连四海""侨宅寄思"四个板块展区为往来游客展示了东湖华侨的奋斗历程。在筹备展览初期，为了更好地展现东湖社区的侨史侨情及海外侨胞的丰功伟绩，针对展馆存在的展览主题不明确、展览内容较为薄弱、展览氛围不足、展示方式单一等诸多问题，当地深入挖掘和整理东湖的侨史、侨文化，编撰主题鲜明、内容全面的展陈内容，依托展馆原有的空间结构规划清晰合理的展线，同时对展馆的整体环境、展现内容、展览形式等方面进行规划设计，将图文内容和历史纪录片、"过番歌"等音视频内容，通过多媒体播放、互动装置等展陈手段进行展示，打造了一个具有多维性、文化性、特色性、专业性、互动性和审美艺术环境的展览馆。升级后的侨博馆"月德楼"图文并茂，生动介绍了林来荣、洪良棠、洪作鸣、严福添等一众翘楚的历史事迹，讲述了东湖同乡会、海员俱乐部的发展历程，展示了东湖侨胞拼搏四海、齐聚侨乡、感恩奉献的生动故事。如今，随着乡村旅游热潮的到来，这里还有一个游客们更熟悉的名字——东湖侨博馆。

创新的"侨房管家"不仅让闲置侨房获得新生，更赋予了侨房新的价值。它是汕头做好新时代"侨"的文章的生动实践，是汕头暖侨惠侨的创新举措。它紧密联系起更广泛的海外侨胞，让越来越多的海外华侨踏上探亲访友的回乡旅程。

云端教育一"线"牵

过去，先辈们乘坐红头船"过番"，以一封封侨批寄托家国情怀；如今，依托海外华文教育，乡情根脉以不同的方式依旧得以联络和凝聚。打造海外华文教育创新发展中心，便是汕头向海外讲好中国故事、传播汕头故事的有效模式。

2023年4月，汕头华侨中学迎来15名特殊的新同学，他们是前来参加中国语言文化2023年春季短训班活动的泰国学生，华侨中学是他们在汕头学习的第一站。在一周时间里，泰国学生与华侨中学学生结对，学习了趣味汉语、书法、武术、工夫茶艺等课程。在轻松的学习氛围中，15名泰国学生感受到中国文化、潮汕文化的博大精深和无穷魅力，对中华文化产生了极大的兴趣和热情。"我对中国音乐和中国画感兴趣，我想说流利的汉语和找中国朋友。"在汕头华侨中学，泰国学生柴一雯努力尝试着用中文表达了对中华文化的喜爱。

汕头华侨中学既是我国首个公办华侨中学，也是广东省中华文化传承基地。近年来，学校积极开展海外华文教育和文化交流。2020年以来，已为泰国、马来西亚青少年提供2000多个课时的线上直播课程。中国语言文化2023年春季短训班活动也是3年来汕头华侨中学首次开展的线下华文教育活动。为办好这次培训班，校方精心安排，多方联系非遗传承人设计好课程，使整个课程既有课堂教学，又有实地研学，不仅教海外学生学汉文、写汉字，还通过文化课传播中国文化，更好地提升中华文化的国际影响力。

来汕头之前，这批泰国学生已经在线上学习半年。华侨中学校长刘毅婉表示："新冠疫情之后，我们迫不及待地把线上的学习活动扩展到线下，就是希望海外学生能够近距离地接触到中国文化。接下来我们还会进一步扩大海外华文教育办学规模，为满足海外孩子的学习需求搭建通道，把华文教育的学段从中小学扩大到高等教育，所以我们也在跟汕头大学、华南师范大学、厦门大学等高校的国际学院联系，尽量把中国故事更好地传播出去。"

早在2018年，作为中国高等教育改革试验田的汕头大学就开设了国际学院，面向全世界尤其是"一带一路"沿线国家进行重点招生。目前，汕头大学国际学院有来自45个国家的150多位国际学生。汕头大学国际学院有关负责人表示，未来学院将考虑在东南亚设立汕头大学海外校区，同时也会和东南亚地区的高校建立学术交流机制和学生互动平台。"我们会积极帮助海外学子了解我们优秀的传统文化，把中国优秀的传统文化介绍给他们，让他们成为知华、友华和爱华的优秀学生。"

除了大学、中学，近年来，汕头也积极挖掘"侨"资源，推进以汕头华侨中学、金阳学校教育集团等学校为龙头的26所学校进行海外华文教育优秀教学成果推广。优秀的教学品牌是传播华文教育的好帮手，而互联网则是传播华文教育的好平台。以金阳学校教育集团为例，为了推广海外华文教育，集团组织了优质的师资资源，设置了专门的直播间，让老师们可以通过直播的形式实时为海外学生授课。为了上好这门课，老师们要根据海外学校学生的不同特点，包括当地的文化背景、学生学习中文的水平等进行不同的直播备课，课堂内容既富含潮汕特色、侨乡特色，还注重实践运用。一堂课下来学生们总感觉收获满满。

泰国公立正才学校学生以直播形式接受汕头金阳学校教育集团老师的中文教学（黄晓敏 摄）

近年来，在汕头还有一类培训也深受欢迎，那就是潮菜培训班。2023 年 10 月，"'粤菜师傅·四海同享'海外学员潮菜培训班"在汕头成功举办。来自马来西亚、泰国、缅甸的 10 位潮籍华裔青年在汕头接受了为期 10 天的潮菜技能培训，学习牛肉丸、红桃粿、蚝烙等潮菜、著名小吃的烹饪技艺，感受家乡风土人情，用美食解乡愁。在泰青年侨胞吴家荣 2023 年春节回汕头老家首次品尝红桃粿，便计划将红桃粿等粿品制作技术带到泰国，在此次培训中如愿学到相关菜品制作技艺，打算回泰后在当地开一家潮菜馆，弘扬潮汕文化。马来西亚

"侨四代"许丽珊的第二胎孩子刚满月,就不远万里来汕头参加培训,因为"潮菜的味道就是妈妈的味道",所以她非常珍惜这次机会。马来西亚第四代潮人林睿艺在当地开办潮菜馆,苦于无人指导,厨艺与潮汕本地水平仍有差距,此次在大师指导下做成多年未学会的蚝烙,激动得喜极而泣……一份小小的菜肴、一趟短短的潮菜学习之旅,让中华优秀传统文化得以进一步向海外弘扬,让海外华侨华人的乡愁有了确切的滋味,让文脉的赓续有了不一样的载体。

瞰见 **特** 别

潮人盛会聚侨心

"我宣布，获得第二十二届国际潮团联谊年会主办权的城市是汕头！"2022年6月26日上午，在海南召开的第二十一届国际潮团联谊年会团长暨秘书长会议上，时任国际潮团总会主席的洪江游宣布这一结果时，全场的汕头乡亲和为汕头投下支持票的嘉宾们都沸腾了。

汕头代表团庆祝汕头获得第二十二届国际潮团联谊年会主办权（柯晓 摄）

这是一场竞争激烈的申办。除汕头市之外，新加坡潮州八邑会馆、潮州市、菲律宾潮汕总商会、柬埔寨潮州会馆也提交了申办公函。为了这次申办，在递交申办公函后，汕头市委、市政府高位谋划，通过信件往来、视频交流、拜会拜访等方式与海内外重点潮属社团首长、代表人士展开了密集联络交流。

2022年6月26日，潮剧国家级传承人姚璇秋、立讯精密工业股份有限公司副董事长王来胜、奥运会跳水冠军谢思埸、中国烹饪大师蔡振荣作为来自汕头各行业的杰出代表，在现场向广大海内外乡亲发出"2024之约"。

因为新冠疫情关系，这次竞选投票一改以往传统线下投票模式，特别增设线上投票系统，采用"线上+线下"同时投票的新模式，共有145家会员单位参与投票。线上投票时，汕头的票数曾一度落后，经过一个多小时"漫长"的投票，经汇总票数，汕头市得票最多，以明显领先优势成功斩获下一届国际潮团联谊年会主办权。那一刻，紧张的现场顿时成了欢乐的海洋。

同年7月，第九届国际潮商大会团长、秘书长会议在黑龙江省哈尔滨市召开，经审议，一致通过由汕头市主办2024年第十届国际潮商大会。

喜讯接踵而至，这场双向奔赴的约定令人期待。

办好盛会，让心靠得更近

汕头在申办第二十二届国际潮团联谊年会主办权时承诺，汕头将办一场合作共赢的经济盛会，通过华侨试验区这个全国唯一一个以"华侨"和"文化"为核心概念的国家级发展战略平台和一系列重磅经济活动，更好地服务潮侨企业搭乘祖国发展快车，享受改革开放红利；汕头将办一场寻根圆梦的文化盛会，通过打造全国潮侨历史展览、潮学文化论坛、潮语电影周等系列品牌活动，充分展示潮汕文化的独特魅力，推动潮汕优秀传统文化发扬光大；汕头将办一场薪火相传的青春盛会，助力一批批潮青创新创业、崭露头角，搭建新一代潮人施展才华、实现梦想的广阔舞台；汕头将办一场互助共享的团结盛会，建设潮侨总部大厦，发起成立潮侨关爱基金会，建立全国首创华侨旅居养老示范基地，让汕头成为全球潮人的温暖港湾。①

自那之后，汕头以只争朝夕的决心，脚踏实地全力推动"两大盛会"各项筹备工作。这期间，侨乡鮀城持续上演着越来越多"共融共赢"的故事。

2023年10月中旬，在汕头离外海最近的东海岸新城，一座崭新的汕头国际会展中心及配套酒店正拔地而起，初具雏形。这里将成为2024年"两大盛会"举办的主场馆。为建设这个场馆，汕头聘请中国工程院何镜堂院士担任设计师，耗资19.1亿元、用地8.77万平方米，以高标准建设具有潮汕文化特色的汕头国际会展中心。一年后，这里不仅喜迎八方来客，还成为粤东地区规模最大的展会展览中心，为汕头"三新两特一大"产业及粤东制造业提供更高端的会展平台。于汕头市民而言，这里成为继林百欣国际会展中心之后又一个会展打卡点。

2023年4月7日，"侨聚鮀城 共商发展"侨助汕头高质量发展大会在汕头举行。会议发起并启动"侨助汕头高质量发展"行动。其间，13家优质侨资企业在会议现场布展，集中宣传展示汕头侨资侨企高质量发展成果。有关职能部门和单位举行"局长在身边"惠侨服务活动，宣传汕头惠侨政策并提供咨询服务。汕头市纺织服装产业协会、大健康产业协会、澄海玩具协会设置招商对接台，宣传推介汕头重点产业并开展招商活动，动员鼓舞广大潮籍侨胞为家乡汕头高质量发展贡献"侨"力量。

2023年9月18日，"'共赏明月·同心筑梦'侨助汕头高质量发展行动暨国际潮团总会2023年度会员大会"在汕头举办。这是新冠疫情后首次在汕头

---

① 《做好"侨"文章 引领大发展！汕头全力办好国际潮团联谊年会》，https://www.shantou.gov.cn/stswsj/gkmlpt/content/2/2088/post_2088276.html#3521。

举办的大型涉侨活动，来自全球 30 多个国家和地区的 150 多个潮籍社团参加，300 多名嘉宾参会，出席人数创下国际潮团总会历届会员大会之最。会员大会上，为"两大盛会"精心创作的汕头形象歌曲《少年游·汕头》首发，很快便唱响海内外。"两大盛会"的主题征集活动、潮汕童谣隔代传唱活动正式启动。与此同时，作为"两大盛会"官方发布平台的"数字虚拟潮汕家园"（以下简称"潮汕家园"）线上平台也在会上正式上线。"潮汕家园"平台上线短短 1 个月，已吸引了上百家社团入驻，还帮助侨胞完成寻根夙愿，成功帮助潮菜培训班马来西亚学员找到失联多年的家乡亲人。"两大盛会"虽然还没召开，但汕头与海外华侨的心已经越靠越近。

2023 年 12 月 16 日，汕头海外联谊会九届一次理事大会暨港澳台侨助力汕头"百千万工程"集中展示活动在汕头举行。岁末年终之时，再次踏上故乡这片热土，感受汕头日新月异的变化，侨领侨胞们更对家乡未来的发展满怀信心。柬埔寨著名侨领方侨生也专程来汕头参加大会。借此机会，许久未曾回来的方侨生来到母亲蔡炯英 20 岁时曾就读过的华侨中学。在大约 90 年前，方侨生的母亲在华侨中学的前身——海滨师范学校读书，他小时候就经常听母亲讲海滨师范学校的事。如今，随着时代发展，学校改名为华侨中学，校址也已经不是当年母亲就读的地方。得益于校方对校史档案的保护收集，在多方努力下，华侨中学根据信息痕迹，在校史资料中找到方侨生母亲学籍信息，并连夜将所有资料印制成册，作为惊喜赠予方侨生。拿起母亲的学籍信息，方侨生十分认真地阅读，这才知道，原来母亲当年学习成绩还不错，而且所学科目有近 20 门之多。这份珍贵的礼物，令方侨生感动不已。他回忆说，母亲经常告诉他，教育救国、文化强国，为母亲就读过的学校出一份力，他责无旁贷。于是，他当场表示，要向学校捐资一百万元人民币，圆母亲的心愿，也为家乡的教育事业出一份力。因为"只要人民有知识、有文化，投身建设，国家就会兴旺发达。"

返乡兴业，以盛会促发展

新冠疫情三年，汕头与海外潮籍侨胞只能在云端相聚，疫情结束后，汕头坚持"请进来"与"走出去"并重，密集开展与海外潮籍侨胞特别是重点侨领侨商的"面对面"联谊交往，加快补上疫情三年"欠账"，不断扩大海外朋友圈。只不过这一次，"走出去"的方式变了，不再是"握握手、拍个照、吃餐饭"的传统联谊模式，取而代之的是以互利共赢为目标的新模式，产业对接、城市宣传被摆在了突出位置。

2023 年，汕头市委、市政府主要领导及有关市领导先后带队赴泰国、印度尼西亚、新加坡、新西兰、澳大利亚、马来西亚等国家以及港澳地区开展访问活动。这一年恰逢"一带一路"倡议提出 10 周年。出访之前，访问团深入了解出访国家有关经济政策和当地市场需求，组织汕头本地行业、产业协会提前对接，分多路与海外当地对口商协会洽谈交流，与当地社团联合举办经贸交流活动，精准开展海上风电、纺织服装、玩具创意、电子信息、大健康等产业推介招商，将汕头所能与侨胞所需精准对接，推动汕头特色产业产品"出海"。这种全新的联谊模式更具实效性，也更受海外潮籍侨胞的欢迎。这番出访，成功签约 37 个项目、总金额达 208.5 亿元。同时，还推动一批本地商协会与海外对口社团、校友会、企业结对，让海内外商会人脉、信息、产业优势等进一步拓展放大，为汕头高质量发展找到更多更好的"合伙人"。

"走出去"的方式变了，"引进来"的热情却始终不变。自汕头筹办"两大盛会"以来，海外莅汕考察团纷至沓来。每一次考察团莅汕，汕头都以最大热忱和最优服务做好接待工作，激发每一位到访者投资汕头、投资广东的兴趣和动力。单是 2023 年，就已接待来自泰国、加拿大、澳大利亚、菲律宾等 40 个国家和港澳台地区 250 多批次约 4000 人次的访问团。其中，中国数字经济创新发展大会、中国·潮汕国际纺织服装博览会、中国汕头（澄海）国际玩具礼品博览会、汕头国际风电技术创新大会等高端会议会展活动，都有接待团工作人员忙碌的身影。每次会展活动的举办，既是打响汕头优势产业品牌和声势的机会，也是发挥海外华侨华人以及港澳台同胞资源、技术和人才优势的机会。在一次次为"两大盛会"预热的过程中，侨乡与海外侨胞的情谊更浓了、合作更深了，未来的发展之路也更宽了。

1997年，国际潮团联谊年会在汕头召开时的盛况还令许多市民津津乐道，27年后，汕头筹备"两大盛会"作为贯彻落实习近平总书记视察广东、视察汕头重要讲话重要指示精神，做好新时代"侨"的文章的重要举措。汕头已准备好迎接全球潮人的归来，向广大海内外乡亲展现汕头的新发展、新成就、新机遇。我们相信，再度回到家乡举办的盛会，必会书写又一页令人难忘的篇章。

纪念地 西堤公园
e World XD

3

以文塑旅
风光无限

　　作为潮汕文化的发源地之一，汕头文化底蕴深厚，特区文化、开埠文化、华侨文化、海丝文化、美食文化相互交汇碰撞，形成汕头文旅的独特名片。

　　"海邦剩馥，念念厮守，粤东明珠，璀璨大美神州，南有嘉鱼，烝然汕汕，执子之手，来番少年游……" 2023年9月19日，一首展示汕头城市形象的主题宣传曲《少年游·汕头》在全网首发，向各地游客和海外乡亲发出"有闲来遏迌"的盛情邀约。让我们执手同游，一起领略"百载商埠"的无限风光和独特文化。

瞰见 **特** 别

丝路云帆——铸就海上华章

海上丝绸之路（以下简称"海丝之路"）是古代中国与海外国家和地区进行交通、贸易和文化交流的海上通道，秦汉时形成，唐宋时高度繁荣，明清时发生转变，是已知最古老的海上航线。凭借得天独厚的地理条件，汕头自古以来就是海上丝绸之路的重要门户、主要节点和枢纽港。早在唐代，汕头已有相当规模的对外商贸活动，宋代便与东南亚各国有经贸往来，明清时期潮汕众多海商集团在东南亚各国影响巨大。从凤岭港到樟林港，从红头船到海底沉船"南澳1号"，从风靡海外的"汕头器"[①] 到近代"百载商埠"，无不彰显汕头海丝文化的昔日辉煌。

海丝之路的南海航标

南澳岛是广东省唯一的海岛县，港湾众多，北回归线穿越而过，处于韩江出海口之要冲，扼闽、粤、台三省交界之海域，素有"闽粤咽喉，潮汕屏障"之称。从古至今，南澳岛是中国海上对外交通的重要通道，这里积淀了丰厚的

---

① "汕头器"为明代广东、福建生产的外销瓷器，因在汕头出海，所以称为"汕头器"。

海洋历史文化和独特的人文风情，得天独厚的地理位置和不断繁荣的海上贸易，也使南澳逐渐成为中国古代海上丝绸之路的转运和集散地之一，是海丝之路南海区域的重要航标。

一次偶然的发现改写了中国水下考古的历史。2007年5月25日上午8时30分，南澳县公安局云澳边防派出所接到群众电话，称在乌屿和官屿间的半潮礁海域潜水捕鱼时发现了"古董"。根据线索，该所迅速出警，共收获瓷器21件。同日13时14分，南澳县海防史博物馆接市文广新局来电，立即赶往现场对文物进行拍照、录像及原始登记，初步判断为明代外销瓷。2007年6月至7月，广东省文物考古研究所组织水下考古队对沉船位置、船体及周边海域进行详细的水下考古调查，完成了水下探摸、采集和测绘工作，获取了大量水下文物资料。2009年9月26日，广东省文化厅、省文物局和汕头市人民政府在云澳镇举行明代沉船"南澳1号"水下考古抢救发掘启动仪式，由此撩开了沉睡水下400多年古船的神秘面纱。

"南澳1号"有着与阳江"南海1号"[①]截然不同的考古方式，前者难度远大于后者。"南海1号"是用巨大沉箱包裹古沉船及其船货后，整体起吊出水，再采用气囊拉移的方法将其平稳移入专门为之建造的广东海上丝绸之路博物馆内。而"南澳1号"沉船周边遍布暗礁等不明物，不能像阳江"南海1号"一样，用沉箱方式对整艘船做整体打捞，只能在海底的考古现场用传统的潜水方式进行清理发掘，逐一提取船载文物，围绕它进行的所有工作都必须由专业潜水员在水下完成，工作难度极大。发掘完成后，对"南澳1号"船体采用了原址保护的方式，将一个巨大的金属框架罩置入海中，全部罩住沉船，确保船体安全。

经考古调查和发掘，基本弄清了"南澳1号"沉船的船体结构，船长24米，

---

① "南海1号"是南宋初期一艘在海上丝绸之路向外运送瓷器时失事沉没的木质古沉船，沉没地点位于中国广东省（台山市海域），1987年在阳江海域发现。

宽 7 米，隔舱有 25 个。出水的近 3 万多件文物，以碗、盘、碟、杯、盖盒与碗盖等青花瓷器为主。从瓷器的器形、质地、纹饰、釉色、工艺看，主要来自漳州窑和景德镇窑。同时出水的还有釉陶罐、铁锅、木制品、铜板、铜盆、铁器、铜线材、铜锣、铜锁和铜构件，种类繁多。考古人员在清理大罐中的淤泥时，还出水核桃、板栗、荔枝、橄榄、大料和不知名的各类果核食品等有机物，甚至清理出尚未完全腐烂的果肉。由于动植物有机质文物在水下保存非常困难，此次考古在水下发现了 400 多年前的食物，这在国内外水下考古中尚属首次，是带给世人的另一奇迹。经学者对船载文物的研究推测，"南澳 1 号"是明代隆庆开海至万历前期的一艘外贸商船，它从漳州月港始发，前往目的地吕宋地区（今菲律宾一带），中途因为事故在南澳海域沉没。

"南澳 1 号"考古在 2010 年被列入国家水下文化遗产保护中心"一号工程"，2011 年 6 月 9 日成为首个入选全国十大考古新发现的水下考古项目；2015 年 12 月，沉船所在水域被广东省人民政府公布为广东省第一批水下文物保护区。

"南澳 1 号"是我国在 27 米水下深度开展的大规模水下考古发掘，从组织、发掘到保护等方面都是我国水下考古学科建设与实践的成功尝试，更是我国水下考古标志性和规范性的新里程碑。作为我国唯一经过正式考古调查和发掘的明代沉船，"南澳 1 号"的考古充分印证了南澳海域是海上东亚古航线的重要一环，为研究海上丝绸之路特别是潮汕海外交通史和贸易史提供了重要依据。

通洋总汇的重要港口

讲到汕头的海丝文化，除了南澳，就不得不提樟林古港了。其位于汕头市澄海区东里镇，面积 4.6 平方千米，古港与闽西南、赣东南为咫尺之邻，畅达五洲重洋，为 1860 年汕头开埠前粤东第一港口，被誉为粤东"通洋总汇之地"。

樟林古时因樟树茂密成林而得名，嘉靖二十六年（1547 年）所修《潮州府志》记载饶平县苏湾都江北堡有"樟林村"。嘉靖三十五年(1556年),受海盗和倭寇威胁,原来散布在莲花山麓的樟林村民经潮州府批准,迁至山下官埔合村筑寨而居,建成"樟林寨"。康熙二十三年(1684年),清政府统一台湾后便开放海禁,樟林开始稳定发展。雍正九年(1731年),设在城寨的东陇河泊所改为樟林巡检司。乾隆初年开始,清政府鼓励本国商人从海外船运米粮回国,以大规模的米谷长途贸易为契机,樟林港发展成重要的贸易口岸。[①]18世纪中叶,樟林港的发展越发迅猛,在清雍正、乾隆、嘉庆、道光时期达到全盛,历百年有余。清嘉庆年间,澄海五口征得的税银占全省总额的五分之一以上,而樟林口则居五口之首。在当年的英国地图上还专门标明"樟林"两字,国外的信批上也只要写上"中国樟林"便可寄达。

樟林古港的港口航线可谓贯通南北,港口航线北通福建、台湾、杭州、宁波、上海、山东、天津、日本,南达广州、雷州、琼州以至越南、暹罗(泰国)、马来西亚、婆罗洲、印尼等地,成为"河海交汇之墟"。伴随对外商贸的发展,樟林港逐步发展为粤东地区早期海外移民的主要港口,大量潮汕商民从此出发,漂洋过海,用血泪和汗水谱写了一部向外拓展的华侨奋斗史。

关于红头船,有着说不完的故事。清代用五行五方思想给各地分配船头颜色,广东在南,南方属火,用色为赤,赤即红色,所以在樟林古港浩浩荡荡云集的船只为红头船。1971—1972年,在樟林港遗址附近的南洲、和洲河床,先后出土两艘双桅红头船。其中一艘长39米,5层。另一艘残长为28米,船舷旁刻有"广东省潮州府领 双桅一百四十五号蔡万利商船"。[②] 这两艘清代远航船只的出土,再次确证了樟林古港就是当时红头船的故乡,而红头船也成为樟林古港乃至潮汕地区对外交流的纽带和象征。为了纪念红头船在中泰两国友好关系

---

① 陈春声:《信仰空间与社区历史的演变——以樟林的神庙系统为例》,《清史研究》1999年第2期。
② 红头船:《海内外经济文化交流桥梁》,《珠江水运》2012年第1期。

史上的不朽功勋，曼谷王朝拉玛三世制作了一台红砂船模型存放在岩尼瓦。^①在泰国曼谷市郊的一些寺院墓地，有一种船形的墓葬，把埋骨灰的坟墓做成一艘"红头船"的模型，船桅按照泰国骨灰墓的形式做成一个尖塔，墓基就是一条船，小的只有一两尺长。这些都是早期华侨的骨灰墓，用意非常明白，就是希望去世以后，灵魂能够乘红头船回到故乡。

近年来，汕头联合中山大学等科研团队，积极开展樟林古港考古调查，摸清了樟林古港的空间布局。乾隆年间形成了包括仙桥、长发、广盛、洽兴、顺兴、永兴、仙园、古新八条商业街和东社、西社、南社、北社、塘西社、仙陇社的"八街六社"格局。嘉庆七年（1802年）又开辟了新兴街，新兴街是樟林现存规模最大的货栈街道。货栈是集堆货、交易、住家、宾馆等功能于一体，单体建筑规模有限，但集中连片，且与水陆码头、商业街以及官道、邮驿等区域交通网络相连，使用效率和便利度非常理想。

随着清代樟林古港地理空间不断向外扩延，形成了庞大的港口古建筑群，保留了诸多重要的海丝史迹，一批现存古建筑、近现代建筑构成了环古港河历史文化街区。天后宫、风伯庙、永定楼、新兴街、山海雄镇庙等古建筑是樟林古港开展海外贸易的历史遗存，充满了"潮味""海味"；锡庆堂、起凤陈公祠、哲谋广居书斋等一批清末民国时期的华侨建筑，既有中式传统，又具西洋风韵；蚁美厚、蚁光炎等著名侨领的故居，是樟林古港作为著名侨乡的历史见证；游火帝、拜亥爷、妈祖文化、樟林小食等积淀深厚的民俗文化浸透着鲜明的侨乡特色。

随着樟林古港的日益繁华，其对周边的辐射力、影响力也不断增强。在今澄海区的其他区域，还发现了许多与樟林古港相关的海丝文化遗产。位于广益街道华富社区的"郑王墓"，为澄海籍华裔、泰国吞武里王朝国王郑信在祖居地

---

① 红头船：《海内外经济文化交流桥梁》，《珠江水运》2012年第1期。

的衣冠墓，是一处见证中泰历史关系及海外移民历史的涉外名人墓葬。位于隆都镇前美村的陈慈黉故居，为泰国华侨陈慈黉家族在家乡兴建的宅第，是一处中西合璧的华侨民居建筑群，被誉为"岭南第一侨宅"。

"一带一路"的战略要地

2013 年 9 月和 10 月，习近平主席在哈萨克斯坦纳扎尔巴耶夫大学和印度尼西亚国会，先后分享了共建"丝绸之路经济带"和"21 世纪海上丝绸之路"的伟大愿景。

海上丝绸之路申遗工作是响应国家"一带一路"倡议的一项具体文化举措，旨在推动形成海丝跨国文化线路的国内外共识，充分发挥海丝遗产在推进"一带一路"世界性愿景中的重大作用。以"南澳Ⅰ号"和樟林古港为代表的海丝遗存是海上丝绸之路（中国段）申报世界文化遗产的组成要素，两处遗存的海丝申遗充分体现了汕头是一座因海而生、伴海而兴、向海而荣的港口城市，也充分表明了汕头是"海上丝绸之路"的重要门户和发祥地，为汕头成为"一带一路"要地提供了重要的历史依据和实物凭证。"南澳Ⅰ号"和樟林古港的海丝申遗还有诸多深远意义，有助于保护文化遗产，保存珍贵的城市历史文化记忆，既加强了对城市文化遗产的发掘阐释，使文化遗产的内涵价值得以深化提升，也进一步提高了文化遗产的管理水平，在宣传推广优秀文化遗产的同时提升了汕头的城市知名度。

因此，汕头积极申报加入中国海上丝绸之路世界文化遗产城市行列。2015 年 5 月，汕头市加入海上丝绸之路世界文化遗产城市行列。2018 年 4 月，汕头市加入全国海上丝绸之路保护和联合申报世界文化遗产城市联盟。以海丝申遗为契机，汕头积极打造海丝文旅品牌，充分发挥海丝文化作为文旅资源的重要作用，将海丝遗迹串珠成链，构建起以海洋为主题的多条旅游路线，带给人们对汕头海丝文化的连续感知；并借助海上丝绸之路的历史脉络，积极与国内外城市开展海丝文化相关的文旅活动。

作为"一带一路"重要的战略支点，汕头将全面融入国家战略，以发掘保护海丝文化、大力发展海洋旅游产业为重要抓手推动汕头文旅事业繁荣壮大，加快建成现代化沿海经济带重要发展极，倾力打造"21世纪海上丝绸之路"重要门户，续写中国式现代化的海上新华章。

文化荟萃——彰显厚重底蕴

汕头历来是粤东、赣南、闽西南一带的重要交通枢纽、进出口岸和商品集散地,素有"百载商埠""海滨邹鲁"的美称。这里有绵长的海岸线、广袤的平原、如黛的山峦,中原文化、海洋文化、农耕文化在这里交相融合,形成了独特的潮汕文化符号与城市记忆。

"声"生不息的潮人"音乐"

潮剧形成于潮汕地区,迄今已有约 580 年历史,是粤东平原最具代表性的艺术品种与文化符号。它源远流长,历史悠久,既可演于明烛华堂之上,也可活跃于竹棚草舍之间,是一种雅俗共赏的地方戏曲艺术,素有"南国奇葩"的美誉。杰出的戏剧家老舍曾用诗歌表达他对潮剧的热爱与欣赏:"姚黄魏紫费评章,潮剧春花色色香。听得汕头一夕曲,青山碧海莫相忘。"其他如田汉、梅兰芳、曹禺等,也都用诗文表达对潮剧的赞赏。世界著名喜剧大师卓别林曾在新加坡观看潮剧演出之后表示:"潮剧真好看。"

源起南戏,跌宕中不断传承发展

潮剧是起源于什么年代,在什么基础上形成发展起来的?研究领域曾有

瞰见 **特** 别

潮剧是粤东平原最具代表性的艺术品种与文化符号（广东潮剧院供图 / 蔡闻燕 摄）

不同的说法，直到20世纪30年代，发现了流存于海外的明代潮剧剧本，以及在潮州出土了明代艺人手抄南戏剧本，潮剧的南戏渊源才有了史料佐证的论说。

跟其他剧种一样，潮剧也在不同年代的跌宕起伏中不断传承发展。特别是在抗日战争时期，由于战乱原因，潮剧基本处于衰落阶段。直至新中国成立以后，文艺得到重视，潮剧又得以复兴，并且在新时代的文化浪潮冲击之下，不断博采众长、创新发展，成为潮汕文化最具代表性的重要文化载体之一。2006年，潮剧入选第一批国家级非物质文化遗产名录。

说到潮剧的传承，不得不提潮剧名角姚璇秋[①]。她是潮剧剧种代表性人物、广东潮剧院名誉院长、国家一级演员、著名潮剧表演艺术家、潮剧代表

---

① 姚璇秋：生于1935年7月15日，逝世于2022年7月2日，籍贯广东汕头澄海。

性传承人。她从艺 70 余年树起了潮剧发展的大旗,播撒了戏曲传承的星星火种。

姚璇秋的从艺历程充满曲折,也是冥冥中注定。她生于 1935 年,家里排行第八,抗日战争时期父母去世,姐姐们外嫁,两位哥哥因为家庭经济原因读不了书而被送去救济院。救济院办戏班,姚璇秋经常去看戏班教戏排戏,所以从小就被潮剧艺术感染,但因为要补贴家用,只是业余唱曲,虽喜爱潮剧却不敢进戏班。一次偶然机会,姚璇秋在民间乐社娱乐演唱时被当时的正顺潮剧团业务主管发现,极力说服她进剧团。抱着试试的心态,姚璇秋在 1953 年进入剧团,参演的第一出剧就是《扫窗会》。凭借自身潜力和不懈努力,《扫窗会》首演一炮打响,姚璇秋也开始在全省乃至全国戏曲界崭露头角。1957 年,潮剧团在中南海为中央领导同志演出,姚璇秋受到毛泽东等党和国家领导人亲切接见;1959 年,姚璇秋到北京参加新中国成立 10 周年献礼演出,再一次到中南海怀仁堂表演,受到刘少奇、周恩来、宋庆龄、董必武、贺龙等中央领导同志亲切接见,获得首都文艺界高度评价;1960 年,潮剧团第一次受国家委派出国访问演出,姚璇秋老师随团到柬埔寨主演了《荔镜记》等剧目,柬埔寨皇后授予她"国家骑士"勋章。

春风化雨,沁润梨园桃李满芬芳

党的十八大以来,在党中央关于加强文化建设的部署之下,中共汕头市委、市政府高度重视潮剧的传承发展,在潮剧人才培养、精品剧目创作和立法保护层面加大保障力度,推动潮剧发展呈现质和量的飞跃。2021 年 9 月,汕头 28 名潮剧学子通过高考被中国戏曲学院录取,成为首届潮剧"科班"学生;2022 年 4 月,广东潮剧院和汕头大学合作成功举办了首届国际潮剧文化研修班,该项目被文化部评为非遗传承人研修培训计划优秀成果;同年 6 月,广东潮剧院与汕头开放大学签署战略合作协议,9 月开设潮剧表演大专班。

近年来，汕头创排的《古城风雷》《红军阿姆》《李商隐》《秘密交通站》《绣虎》等一批潮剧艺术精品，多次荣获国家级和省级大奖。其中《秘密交通站》获得第十四届广东省艺术节一等奖，《绣虎》获二等奖；广东潮剧院演员张怡凰、林燕云分别获得第 23 届和第 29 届中国戏剧梅花奖；林燕云入选 2022 年全国戏曲表演领军人才培养计划，成为广东省唯一入选人才，这也是潮剧演员第一次入选全国戏曲表演领军人才培养计划。2022 年，经广东省人大常委会审查通过，汕头研讨修订的《汕头市潮剧保护传承条例》正式实施，对破解制约潮剧发展的体制机制障碍，推动潮剧保护传承具有重要意义。

潮剧是"群众的艺术"，它根植群众、贴近群众、服务群众。在潮汕大地上，一年 12 个月，几乎每天都有潮剧演出。"凤城二月好春光，社鼓逢逢报赛忙""打起锣鼓一百三，戏班送戏到门脚"等广泛流传的俗语反映的正是旧时潮剧扎根民间，深受人民大众欢迎的一幕。近年来，汕头市委、市政府不断加大文化惠民力度，开启"潮剧大观园 周五有戏"活动，每周五晚上在慧如剧场定点定期开展惠民演出活动，广受市民青睐；启动"戏曲进乡村""戏曲进校园"活动，广泛发动全市戏曲院团，深入推进潮剧进农村、进校园惠民演出活动，实现了市民"在家门口看戏"的愿望，听潮剧也逐渐成为市民群众喜爱的惠民文化活动。在一次潮剧进校园活动结束后，孩子们腼腆地拿着笔纸请潮剧演员签名，那一幕让人感动，也彰显了潮剧作为优秀传统文化在青少年中广受欢迎的现状。

海外潮音，维系乡梓情谊的纽带

潮剧是潮汕的，更是世界的。潮剧是"文化的使者"，植根潮汕大地，影响遍布潮人世界，在对外文化交流和维系乡谊中发挥着独特而重要的作用。据统计，广东潮剧院建院以来，境外演出 100 多个团次，足迹遍布美国、法国、越南、柬埔寨、新加坡等国家和中国港澳台地区。2022 年 4 月 29 日，广东潮剧院与新加坡南华潮剧社、马来西亚槟城潮艺馆、马来西亚柔佛颍川陈氏公会儒乐团、泰王国泰中戏剧艺术学会举行"云"签约仪式，在新加坡、马来西亚、泰国分别设立4个潮剧海外传承中心，开展潮剧宣传、教学、交流、演出等活动。

随着数字科技发展，潮剧的展播形式也不断发展创新。汕头依托数字技术，设立"云剧场"展演潮剧，全年展播《秘密交通站》《红军阿姆》《百姓之子》《沙家浜》《绣虎》等15部潮剧精品剧目；设立"云展厅"展示潮剧，通过VR技术全方位、立体感、数字化呈现潮剧艺术博物馆和姚璇秋艺术传习所；设立"云专区"推广潮剧，在网络电视开设"潮剧专区"，投放潮剧14部，全省21个地市约1600万广电网络用户可点播观看。

气势磅礴的潮人"舞蹈"

令旗迎风猎猎，鼓点嘭嘭作响。脸覆油彩，衣饰古装，舞槌翻飞，呐喊如啸，千人踩着鼓点步步逼近，阵势整齐浩瀚，舞步豪放遒劲，如猛虎下山、万马奔腾，铿锵有力、气势如虹！一名名英歌舞者，舞出了震撼人心的力量与美感，展现了潮汕人团结勇敢的精神风貌，表达了人们对美好生活的向往。近年来，英歌舞的爆火"出圈"，让全世界看到了什么是潮汕英歌，感受到什么是"中华战舞"！

由于在潮汕传统文化中传递驱邪避害、保家卫国的内涵，同时又具有激昂气势，民俗活动扎堆的春节成为潮汕英歌舞队最繁忙的时候。为表达对美好生活的向往，汕头各地举办各种精彩纷呈的文化活动，潮汕大地的各大英歌队频频亮相，相关视频在多个网络平台热传，甚至有人不远千里驱车到潮汕乡村"现场看一眼英歌"。

厚积薄发，英歌舞的"圈粉""火出圈"并非偶然。气势威猛、队形整齐的英歌舞，背后既是无数的汗水，也有无数的理解、支持、肯定和推动。近20年来，在汕头这片沃土上，英歌舞非遗传承队伍越来越壮大，非遗传承人在不断探索英歌舞的传承、创新、发展，这种古老的传统文化正在焕发出鲜活的生命力。2006年，潮阳英歌被列入第一批国家级非物质文化遗产代表作名录。

"南舞北相"，讲述"水浒"故事

民间流传俗语："南有英歌，北有秧歌。"英歌舞广泛流行于潮汕和福建漳州等地，乃至东南亚的一些华人社区。给人留下"温和婉约"印象的岭南潮汕，却有威猛豪迈的英歌舞，"南舞北相"不由令人称奇。

英歌舞作为一种民间艺术，其产生、发展、演变过程文字记载较少，有籍可考的历史不过四五百年，其源头有许多不同版本。据《潮阳县志》记载："从明代开始，潮阳始有英歌。"《潮汕民俗大典》列举了几种英歌舞由来的说法，包括由古代祭祀仪式傩舞进化而来、由山东大鼓子秧歌等戏曲演化而来、为反抗官府豪强而创编用于传武习艺而来等。有学者认为，英歌舞融合了中原文明与岭南文化，源于南宋中原军队南下时带来的北方秧歌，与潮汕文化融合后形成。研究者认为英歌舞起源多元，历史中不断发展变化。以潮阳英歌为例，是汉族民间舞蹈和傩文化的延续，明代吸收北方秧歌元素，成为独特舞蹈艺术。当代英歌舞与《水浒传》故事紧密相连，据民国时期相关文献记载，英歌游唱中常出现《水浒传》故事角色，以梁山泊好汉为角色，情节围绕假庆闹元宵、攻大名府而展开。

经过岁月的洗礼，潮汕英歌舞在汕头这片传统文化底蕴深厚的沃土中不断繁育、融合、创新、生长，以"舞"与"武"相结合的感染力和生命力逐步从古老文化走向现代广场，越来越多地活跃在田间地头、呈现在大众日常生活中。

炫燃英歌，成为汕头"文化名片"

翻看旧报刊和新闻报道，可以发现，在潮汕大地传承了几百年的英歌舞，开始对外进行集中展示和交流，则是在20世纪八九十年代。

1997年11月15日，为期7天的潮阳市英歌艺术节在欢腾热烈的气氛中拉开了帷幕，这在当时是潮汕地区有史以来规模最大、持续时间最长的一次英歌舞展演活动。这一年，恰逢第九届国际潮团联谊年会在汕头召开，为了让海内外的乡亲们进一步了解英歌舞悠久的历史和灿烂的文化，汕头、潮阳两级宣传文化部门积极部署和发动，选拔了14支男女英歌队参加了盛会，为海内外的乡亲们奉献了一场文化盛宴。在开幕式集中展演之后，潮阳又组织了以英歌队为主的千人巡游，一时，潮阳城区鼓乐喧天，万众欢腾。

2021年9月23日第四个中国农民丰收节，英歌舞首次亮相央视舞台。2023年春节，由于文旅推动和短视频的传播，英歌舞开始"火出圈"。观众纷纷在社交媒体和移动平台上分享着这种视觉盛宴，赞叹着"表演炫酷又热血""传统文化的氛围太浓厚了""一定要来潮汕地区看看英歌舞"。英歌舞这一地方舞蹈迅速在网络上走红，与英歌相关的话题和视频在各大网络平台上频频亮相，占据了热门话题榜。其中，老溪西乡英歌队的陈志辉队员因身材魁梧，担任舞蛇领队，被网友们亲切地称为"肥蛇"。他的表演更是让山东、吉林、北京、安徽等地的观众慕名而来，只为目睹"肥蛇"的风采。

英歌舞还火到了国外。2023年1月22日，为庆祝农历春节，泰国春武里府帕那尼空县的一家购物中心组织了一场英歌舞表演，当地40多人组成的表演队吸引了大量市民游客驻足观看。

国强民安，推动英歌舞传承发扬

受益于汕头本地英歌舞艺术土壤的滋养，在各级政府和有关部门的重视和

瞰见 **特** 别

"中华战舞"——潮汕英歌舞"火出圈"（汕头市文化广电旅游体育局供图）

支持下，英歌舞非遗项目得到了很好的保护和传承。特别是在汕头潮阳，几乎每个镇都有自己的英歌队，多支英歌舞队在各级民间艺术赛事中频频夺奖。要论及其中的代表队伍，就不得不提棉北后溪英歌队了。

后溪英歌队创办于1948年，2012年1月被广东省文化厅授予省级"英歌传承基地"。如今的领队是林芳武，他的父亲就是英歌项目省级非物质文化遗产

代表性传承人林忠诚。林芳武接下了父亲的"衣钵"，肩负起后溪英歌的非遗传承。根据林芳武的叙述，其父早年师从英歌舞资深艺人，致力于学习英歌舞，到了1991年，林忠诚等重组了潮阳棉北后溪英歌队，他本人则担任总教练一职。在指导过程中，林忠诚将后溪原有的中板英歌与快板英歌进行巧妙融合，并创新性地引入了南拳北腿的武术元素。这一系列的创新不仅在原有的"老七槌"基础上衍生了新颖的槌法、马步，还创造了多种别具一格的套式，他对古传下来的"7槌"套路作了大胆创新，演变出14、18、21下槌的套路，为后溪英歌队奠定了"中快板"代表的基调。后来，在林忠诚的带领下，后溪英歌队又演变出潮汕著名的28、35、49下槌的英歌套路，不仅槌法繁多，且槌花滚动威猛快捷，姿势优美流畅，使之成为传承发展潮阳英歌舞的一支生力军。

林芳武自幼耳濡目染，练习英歌舞、武术，16岁通过考核正式加入后溪英歌队，扮演过《水浒传》中的多位人物角色，表演场次不计其数。他闲时便钻研梁山好汉人物特性，设计创作脸谱，先后创作了108张梁山人物脸谱，突出英歌舞中的人物特色，为英歌舞脸谱发展起到了传承作用。林芳武在2014年6月、2021年4月分别获评国家级非物质文化遗产项目（潮阳英歌舞）区级、市级的代表性传承人。

多年来，后溪英歌队秉持着"走出去"与"引进来"的理念，积极参与省、市举办的各类民间艺术展演活动。他们还应邀远赴中国香港、中国澳门、马来西亚等地参与大型汇演活动，并在中央电视台的汇演比赛中精彩亮相，屡获金奖、银牌等殊荣。2007年参加全国舞蹈大赛，获得"网络人气第一"的称号。2012年参加马来西亚柔佛州新山市大型民间民俗活动，其惊艳亮相在当地引起轰动，在观众们的强烈要求下，原定的3个场次延加到6场次，成为庙会上最吸引眼球的表演队伍。名声在外的后溪英歌队吸引了不少喜爱潮汕传统文化的个人与团体慕名而来。

后溪英歌队非常有代表性，是汕头英歌舞非遗传承的一个剪影，像它一样致力于非遗传承的英歌队比比皆是。如今潮阳区每个镇都有自己的英歌队，通过他们的"传、帮、带"，还派生了各种类别的英歌队，老年人、中年人、青年、妇女，还有少年儿童都舞得起劲，为潮汕英歌舞文化的发展延续着源源不断的鲜活生命力。

令人垂涎的潮人"味道"

"潮之州，大海在其南，群山拥其北。"潮汕地区拥有丰富的海洋资源和独特的地理环境，以其独特的历史背景、人文环境和丰富的文化底蕴而闻名。而其中最令人垂涎的，无疑是潮汕美食。

地灵人杰，潮菜饮食文化的形成

古代潮汕地区的地方饮食文化深受中原文化影响，是本地土著文化和中原移民文化相互影响、互相吸收而逐渐融合而成的产物。潮菜就是潮汕人在长期生产生活实践和饮食文化交流中创造的，主要流行于潮汕地区，以海鲜为主要食材，并融合中原及周边乃至东西洋各地的饮食精华而形成的一种内涵丰富、特色鲜明、风味独特的地域菜系。潮菜口味清鲜朴实、尤重本味，食材海纳百川、多海产品，烹饪方法博采众长、杂咸与酱碟丰富多彩，精美小吃相辅相成，饮誉海内外。

清淡乃中国饮食的正宗至味,从《老子》中说,"为无为,事无事,味无味",名士陈继儒在《养生肤语》中提到,"试以真味尝之,如五谷、如菽麦、如瓜果,味皆淡,此可见天地养人之本意。至味皆在淡中"。从潮汕文化汲取中原文化的关系来看,潮菜口味清淡正符合古人这一要求。潮菜的"清淡"不是简单的淡而无味,而是淡中求鲜、清中取味。在调味上,注重各种调料的用量,极少添加刺激性的调味品,使整体味道更加清雅;在烹制过程中,更是严格控制用油量,以免菜品过于油腻。

潮菜在食材选择方面,主要特点就是选品包罗万象、尤重海鲜。潮汕地区有山有海,气候优越,有丰富的海产品、丰饶的农作物、鲜美的水果等。生于斯、长于斯的潮汕人,在潮菜食材上选用了丰富的海鲜、肉食、蔬菜、水果等。海鲜主要包括鱼、虾、蟹、贝类等,肉类则以猪肉、鸡肉、牛肉为主,蔬菜和水果种类也相当丰富。在选择这些食材时,潮汕人民非常注重季节性、新鲜度和搭配,以追求最佳的口感和营养价值。特别是海鲜,潮菜所用海鲜原料,必须鲜活,现点现制,并以此为特点。

"食不厌精,脍不厌细。"[1] 孔老夫子在物质生活并不富足的数千年前,就强调过食物精细加工的重要性,同样说明了饮食习惯也会作用在人的精神世界。食物繁盛之地,人们看待美食,往往眼光独到,更加要求对待食物的态度端正以及制作工艺上的工细精巧,潮菜恰如其分做到了这一点。单从做菜来说,潮菜便有前加工与后加工两道工序,后加工中的刀工、配菜、调料、火候,都讲究一丝不苟,以充分释放食材的营养价值。潮菜对于食料的精细加工,既赋予菜肴以美观悦目的形象,又有利于食料加热均匀、出味入味,还便于人们咀嚼和消化吸收,使"味"与"养"完美结合。

---

[1] 出自《论语·乡党》。

此外，潮汕地区旧时盛行祖先崇拜和多神崇拜，拜祭活动几乎终岁不绝，各色各样的供品小食也得以延续下来，而且日趋精致和多样化。在本地尤为重视"时节做时粿"，即每逢不同的节庆日都要手工制作不同的粿品，用于祭拜祖先或神明。春节至元宵节期间，要做红桃粿、菜头粿、甜粿、酵粿（又称发粿）、鼠麹粿等，取其吉祥如意的美寓；清明节以及端午节期间，则会做朴籽粿和栀粿。潮汕俗语中的"清明食叶，五月节食药"[①]说的就是这两种粿品，同时也反映了潮汕人做粿注重气候时令以及饮食对应的保健作用。

钟鸣鼎食，汕头美食的繁荣发展

潮菜的兴盛时期，是从 19 世纪中期汕头开埠后开始的。其间外国势力先后在汕头设领事馆，开办洋行、教会，建设码头、仓库等。随着国际航线的开通，汕头商人不断到海内外经商，外国商人、华侨不断到汕头贸易、定居，使汕头商业贸易飞速发展。包括大批潮菜名师高手在内的海内外各行各业人才齐聚汕头，极大推动了汕头餐饮业的繁盛。到 20 世纪 30 年代，汕头已经成为重要的港口城市，既是潮汕地区当之无愧的政治、经济、文化中心，也是著名的饮食中心。

"中央好架势，永平好布置，陶芳好鱼翅，中原好空气。"这句 20 世纪 30 年代汕头埠耳熟能详的顺口溜，说的就是汕头四大著名酒店：永平酒楼、陶芳酒楼、中央酒楼、中原酒楼。这些名酒家汇集了当时堪称一流的潮菜名厨高手，如许香童、许香声、周树杰等，现代潮菜名家朱彪初的师傅周木青也曾在中央酒楼做过"第一后锅"的掌厨。每家酒家都有自己做法讲究、受社会认可的名牌菜，以烧力耳鳗、百花彩鸡、鸡茸海参、巧烧雁鹅、龙穿虎肚、明炉竹筒鱼、干炸虾枣、石榴鸡、芋茸香酥鸭等手工菜较为出名。

---

① "叶"指朴籽树叶，制作朴籽粿时的植物食材。"药"指栀子，制作栀粿时的植物食材。

在改革开放的浪潮下,汕头经济特区建立。随着社会经济的繁荣、人民生活水平的提高、对外交流的密切,潮菜在品种、花色、工艺上又跃升到一个新的阶段。尤其是香港和海外潮人不断回归家乡经营餐饮业店或本土酒店,从香港聘请潮菜厨师,使本地潮菜与港式潮菜进一步交融。交际往来、礼宾宴客的需求,使潮菜很快以其口味淡雅、形式高贵的特点而名声大振,并迅速占领广州、北京等大城市,成为社会高雅消费的一种标志。至此,潮菜达到了新的辉煌阶段。

随着一座座高规格、高档次、高级别的现代化酒楼酒店拔地而起,汕头的餐饮业迎来了大发展,海鲜大排档、海鲜火锅店、牛肉火锅店等各类餐饮店招徕四方食客,令食客赞叹不已。在这些美食中,首屈一指的便是牛肉火锅。汕

火锅"全牛宴"上被分解得极其细致的牛肉(汕头市文化广电旅游体育局供图)

头本土的牛肉火锅店多开在屠牛场附近，其选用的牛肉讲究现宰现卖。为了最大限度地保证食材的新鲜，当地牛肉火锅店的牛肉从屠宰到切好上桌要控制在一小时内，有时甚至能够看到盘中的牛肉仍在抽搐跳动①，汕头人对食材"鲜"的追求可见一斑。

汕头人吃牛肉，对部位分得极其细致，牛肉部位的名称更是与其他地方的叫法大相径庭，譬如吊龙伴、脖仁、匙柄、五花趾、三花趾、匙仁、胸口朥等。其中以五花趾较难得，所以老板常常会将它留给熟客。要吃出肉甜味，匙仁则是首选，它是肉眼位置，据说是匙柄中最好的部位，嫩滑无比，甜美至极。而当地食家推崇的，就是脖仁。它指的是牛脖子上那块最经常活动的肉，香嫩无渣，叫人一试难忘。好的牛肉要配好锅底，涮牛肉的锅底多采用牛骨清汤，汤色浓而不浊、汤味清而不淡。新鲜屠宰的牛肉，经三起三落（俗称"三吊水"）肉汁饱满，尝一口，那种带有点点牛膻的香便在舌尖上喷薄而出，牛味十足。

近年来，各类汕头名优小吃与酒楼潮菜齐头并进，发展得亦是如火如荼、蒸蒸日上。其中汕头名优小吃——卤鹅更是食客们舌尖上的经典佳肴。潮汕民间常说"无鹅肉毋滂沛②"，是指如果在宴席上没有鹅肉则不能称为丰盛，这体现出卤鹅在潮汕人餐桌上举足轻重的地位。汕头卤鹅以澄海狮头鹅为原料，鹅肉在卤汤里文火慢煮，每隔20分钟左右要把鹅捞出卤汤，再翻转入锅，称为"吊汤"，如此反复"三浸三吊"，使得鹅肉香滑入味，味鲜肉嫩，肥而不腻。

当下，汕头的特色美食中还有一大亮点，那便是海鲜生腌。从新鲜的虾、蟹、鱼，到贝类和海蛎等各种海鲜，都能成为生腌美食的主角。海鲜生腌的制

---

① 刚宰杀不久的动物中枢神经已经死亡，但肌肉周边的神经末梢还没有完全死亡，肌肉还可以产生跳动，说明肉很新鲜、屠宰的时间很短。

② "滂沛"（pāng pèi）指丰盛。

作讲究技艺与时间的平衡。新鲜海鲜在加入腌制料后,需要在适宜的温度和湿度下腌制,时间长短因海鲜的种类和大小而有所差异。经过耐心等待,海鲜吸收了腌制料的精华,口感更加鲜嫩多汁,散发出诱人的香气。生腌的鲜甜,伴随着蒜头、酱油、陈醋、香菜、辣椒等汁水,直冲味蕾,完全满足了潮汕人对原汁原味的追求。其清甜细滑、软滑带弹性的鲜味,每一口都令人回味。平日里"家己人"聚餐聊天时,均表示"一碟生腌小海味,一碗白粥,一杯啤酒、三五好友、一张方木桌,迎着海风,就着话题,人生足矣"。生腌,早已不是祖辈们的填饥食品,而是潮汕人回忆美食的心动信号,无时无刻不让潮汕游子魂牵梦绕,也使汕头美食在网络时代的今天迈向了新的纪元。

令人垂涎欲滴的"潮汕毒药"——海鲜生腌(汕头市文化广电旅游体育局供图)

瞰见 **特** 别

守正创新，汕头美食的传播与传承

潮汕是著名侨乡，有潮人的地方必定有潮菜。潮菜在世界各地的传播，与潮籍华侨华人和港澳台同胞的积极推动密不可分。据《汕头海关志》记载，1864—1911 年，潮汕地区约有 294 万人离乡背井，远涉重洋谋生。仅 1907 年第一季度，从汕头乘船出海的就有 4 万多人，绝大多数是潮汕人。他们多数到新加坡、安南（今越南）、暹罗（今泰国）等东南亚各国，少数甚至到达更远的欧洲、美洲国家。随着潮汕人的过番①，潮菜也"漂洋过海"。

潮汕人到了异国他乡不适应当地的饮食，就保持着原来的饮食习惯。因此，在有潮籍华侨聚集打工的地方，开始出现一些由他们主导经营的潮菜、潮汕小吃类小摊档，而这些潮汕小吃摊档也吸引了当地打工的潮籍华侨前来光顾。潮籍华侨海外事业上的成功，特别是改革开放后国内外贸易的蓬勃发展，为潮菜的创新发展提供了得天独厚的社会环境，潮菜消费人群激增，潮菜也有更多机会与东南亚饮食文化相互交流、融合渗透。许多富有潮汕风味特色的小吃摊档从此扎根他乡，并逐渐转型为正宗经营的潮菜。这些浓郁的潮汕风味很快便吸引了亚欧美各国华人及当地民众的味蕾，受到海外人士的高度赞誉。此后在潮人所到之处，各种中高档潮菜酒楼也应运而生。

潮菜文化历经多年的演变和发展，如今已成为中华文化的重要组成部分。然而，随着社会的发展，它的传承和保护也面临着巨大的挑战。近年来，汕头市致力于传承保护美食文化，注重完善非遗名录体系，积极鼓励和引导具有潮汕美食文化传承基础的技艺申报市级、省级、国家级非物质文化遗产，努力讲好潮菜文化故事，让传统美食文化受到保护、得到传承发展。

此外，汕头市同样注重加强人才培养，打造美食集群高地，建立了多个国

---

① 闽粤方言，旧时广东福建人们称到南洋谋生为"过番"。

家级的潮菜烹饪技能大师工作室、省级的粤菜师傅培训基地、粤菜师傅技能工作室,并深入实施"粤菜师傅"工程,精心打造美食品牌,加大"名菜、名店、名人、名厨"培养力度,激励青年潮菜人成长成才,确保潮菜后继有人。同时推动餐饮企业做优做精,建成了珠江路、十一合艺术村、镇邦路、龙眼南路、成德发非遗集聚区等一批美食街区。

自 1988 年以来,汕头已举办了 21 届"潮汕美食节",并积极举办达濠鱼丸、澄海薄壳、潮南荔枝等美食主题传统节庆活动。精彩纷呈的节庆活动吸引了海内外多地人士参加,相关活动还获得"十大国际影响力节庆"和"中国十大食品行业品牌展会"等称号。通过《舌尖上的中国》《风味原产地》《风味人间》等知名美食纪录片的系列宣传,汕头美食多次被推上热搜、引发关注。与凤凰融媒体联合制作的《汕头十二时辰》等美食宣传片更是在多个国际电视台上播出,推动汕头美食走向国际。

"为了一道美食奔赴一座城"如今已成为汕头旅游响亮的口号。汕头市委、市政府在充分发挥汕头美食产业优势的基础上,努力保护、传承、创新潮菜文化,积极探索美食与设计、媒体创作、文博、动漫、游戏、音乐等产业的融合发展,形成独具竞争力的"美食 +"发展模式,推动潮菜美食文化发扬光大,将美食产业打造成推动社会经济发展的新支柱。

瞰见 **特** 别

文旅融合——打造旅游名城

汕头，一座向海而生、因港而立、因侨而兴的城市，地理位置优越，自然风光秀美，人文历史悠久，文化旅游资源丰富，拥有南澳岛、小公园历史文化街区等代表性景点，发展旅游产业具有得天独厚的优势。

老街区的时代蜕变

小公园开埠区是 20 世纪 20 至 30 年代汕头经济繁荣的象征和"百载商埠"的历史见证，作为汕头城区历史文化遗产最集中的区域，这里不仅是汕头重要的城市历史名片，也是海内外潮人的精神寄托和寻根归宿。

小公园开埠区以中山纪念亭为核心，呈扇形放射环状分布，西至西堤路、北至西港高架路—中山西路、东至福平路—张园内街—外马路—南海路、南至南海横路—外马路—商平路—至平路—海墘内街—棉安街—镇邦路，总面积 73.53 公顷。其中，核心区面积 39.96 公顷，建设控制地带面积 33.57 公顷。它既是我国建筑面积最大的近代骑楼建筑群，也是潮汕地区商业文化、美食文化、工艺文化、潮剧文化、民俗文化、华侨文化、红色文化的重要展示窗口。

汕头市委、市政府高度重视小公园开埠区保育活化工作，自 20 世纪 80 年代以来编制的一系列城市总体规划、旧城改造规划、历史风貌保护区规划，均将小公园开埠区的修缮改造作为重要内容。2014年6月,《汕头经济特区小公园开埠区保护条例》正式施行;2017年3月,总投资约13.55亿元的小公园开埠区两期修复改造工程启动;2017年6月,《汕头经济特区小公园开埠区保护规划》正式颁布。2020年11月,汕头市投控集团成立市旅游投资有限公司,负责小公园开埠区的文旅商综合运营管理,初步确立了"政府主导+政府平台投资+运营管理公司"的运行机制。2021年3月,汕头市政府成立汕头小公园历史文化街区保护与开发管理委员会,加强小公园历史文化街区和历史建筑的保护和管理。

2022年,由汕头市文化广电旅游体育局牵头制定的《汕头小公园风貌保护及业态控制导则》发布,让小公园的保护、修复有了整体规划要求和具体技术规范。

东风吹来满眼春,潮起正是扬帆时。2020年10月13日,习近平总书记亲临汕头考察,先后走进开埠文化陈列馆、侨批文物馆等地,并步行到开埠区街区,察看人文历史风貌,要求汕头加强历史文化街区保护,在加强保护的前提下开展城市基础设施建设,有机融入现代生活气息,让古老城市焕发新的活力。近年来,汕头一直牢记习近平总书记的殷殷嘱托,以系统完整保护小公园开埠区和打造世界潮人精神家园为目标,深入挖掘和系统阐发小公园开埠区所蕴含的潮汕文化、华侨文化、开放文化、红色文化内涵和时代价值,统筹保护利用传承,以文化传承延续历史根脉,以城市记忆凝聚世界侨心,以现代技术和潮汕文化元素提升文旅品质,实现历史文化保护传承与现代生活气息有机融合,全力打造展示中华文化、潮汕文化的重要窗口和宣传阵地。2024年1月,小公园开埠区被评定为第三批国家级夜间文化和旅游消费集聚区。

文化赋予历史建筑生命与活力。在小公园开埠区保育活化过程中,主要突出其独特的文化内涵,坚持整体保护、合理保留、局部改造利用,实现传统保护与业态培育相融、怀旧韵味和时尚氛围兼具,打造充满活力的旅游和文化体验集聚地、潮汕人文地标、世界潮人精神家园。自 2016 年以来，在保护修缮小公园开埠区文保单位的同时，更注重深度挖掘每一栋历史建筑背后的故事，结合建筑的历史和现状，将已完成修缮的历史建筑量身打造成一个个博物馆，以点串线，以线连片，串联起汕头开埠时期的一段峥嵘岁月。现已建设并对外展出的展馆合计有 16 个，包括以汕头开埠文化陈列馆、汕头开埠邮局陈列馆、海关钟楼为代表的开埠文化主题展馆，以中央红色交通线旧址（汕头站）陈列馆、汕头市东征军革命史迹陈列馆、"火焰社"通信处旧址为代表的红色革命文化主题展馆，以侨批文物馆、老妈宫戏台为代表的地方民俗特色文化主题展馆，以蔡楚生电影史迹馆、桂园为代表的历史人物主题展馆等多个展馆。其中，开埠文化陈列馆、侨批文物馆、中央红色交通线旧址（汕头站）陈列馆等化身党史学习教育的"生动课堂"。电影《暴风》的热映掀起了汕头红色旅游的新热潮，坐落于小公园开埠区的中央红色交通线旧址（汕头站）与那段跌宕起伏的红色岁月受到市民的广泛关注，成为汕头亮眼的一张"红色名片"。2021 年 7 月，小公园中山纪念亭历史文化街区和西堤历史文化街区顺利入选"第三批广东省历史文化街区名单"，成为汕头历史文化资源保护的生动注脚。

小公园开埠区是老汕头经济繁荣的象征，现在的小公园已然成为汕头网红打卡地。每逢周末，小公园开埠区潮汕文艺人才一条街人头攒动，泥塑、木雕、嵌瓷、抽纱等一系列非遗手工作品集中亮相，让游客和市民近距离感受非遗文化魅力。这是汕头自 2023 年端午假期开始在小公园潮汕文艺人才一条街（国平路北段）常态化开展的非遗文艺系列活动之一。精彩的市集吸引了不少游客来此"赶集"，近距离体验木雕、嵌瓷、剪纸、潮州朱泥手拉壶、大吴泥塑、汕头贝雕、传拓技艺、抽纱、潮式旗袍、潮汕手钩花、面塑黏土、汕头蛋雕、葫芦雕刻、书写侨批、潮剧等非遗文化项目，多维度多层面感受潮汕非遗文化魅力。

据汕头市旅游投资有限公司副总经理罗菲介绍，目前小公园核心街区进驻商铺 500 余家。在商家的选择上，重点引进品牌旗舰店或首店，从时尚、潮流、创意元素等方面考量，从品牌价值、经营品位、承租条件等维度进行测评，逐步淘汰低端、短租的业态，提升整体商业品质。以"周周有活动，月月有主题"为原则，注重资源引入型、沉浸式、体验化活动的策划和开展创新引入跨界、异业合作等模式打造全年主题活动，全年活动落地超300场。自2020年10月至今，已举办国庆嘉年华、春节嘉年华、湖南卫视春节晚会分会场、2024小公园国际元宵灯会等重大活动。每到夜晚，华灯初上，漫步于小公园镇邦路、国平路、升平路等街道，灯笼高挂、霓虹闪烁，处处流光溢彩、火树银花，交织出美轮美奂的迷人景色，为这座城市增添幸福"底色"。

游客如织的小公园街区（汕头市文化广电旅游体育局供图）

小渔岛的华丽转型

长达11.08千米的南澳大桥犹似彩练舞长空，把美丽的南澳岛拥抱入怀。蓝天白云、渔舟唱晚的美景，味道鲜美的生猛海鲜，为入岛的每一位游客带来强烈的视觉冲击和味蕾体验。这里每一寸土地都有历史，每一个角度都是风景。

徜徉银滩，踏浪而歌；青山古庙，踽踽独行；呼朋唤友，品尝海鲜……随着"国际海岛休闲旅游目的地"品牌的推广，这座广东唯一的海岛县——南澳县焕发勃勃生机。

2023年12月8日，2023中国体育旅游十佳精品项目授牌仪式在2023中国体育文化博览会、中国体育旅游博览会开幕式现场举行。南澳岛生态旅游区入选十佳体育旅游精品项目（旅游景区），这是广东省唯一入选的景区。得天独厚的自然环境，让南澳岛成为海上运动和山地运动爱好者的天堂。"以体促旅"是南澳县旅游发展规划蓝图中的重要一环。体旅融合山海之间，为县域经济发展赋能添力。南澳还围绕"旅游＋体育"精心培育高端体育产业品牌，谋划形式多样、内容丰富的文旅活动和体育赛事，加快美丽旅游岛建设。如南澳岛越野挑战赛以青澳湾北回归线标志广场"自然之门"为起终点，贯穿南澳东半岛，并将山间小路、古驿道、古村落、溪流、梯田等田园风光串联起来，活化了"海、史、山、庙"等自然文化景观，为选手提供了特色全面的运动体验，形成了一条将全民体育健身与观光旅游相结合的比赛线路。

将全民健身和海岛优美的自然资源结合起来，对南澳来说并不是首次。依靠着优越的自然禀赋，近年来，南澳相继举办了"铁人三项"亚洲杯赛、亚洲冲浪锦标赛、全国翻波板冠军赛、全国冲浪锦标赛、全国青少年帆船帆板锦标赛、南粤古驿道定向大赛等多场高规格体育赛事，着力培育打造南澳越野挑战赛、南澳岛仲夏荧光夜跑等群众体育活动品牌。相关赛事打造了一个炫酷的越野"IP"，推进汕头南澳"旅游＋体育"品牌孵化。随着体育氛围日渐浓厚，体育项目的开发和设备配套的完善，海岛最美活力风景线正在逐渐形成。

广东省委、省政府高度重视和关心支持南澳旅游发展，在《关于支持汕头建设新时代中国特色社会主义现代化活力经济特区的意见》中明确提出推进南澳岛生态旅游区创建AAAAA级旅游景区。近年来，汕头市坚持把旅游产业作为南澳县主导产业，不断推动旅游基础设施建设，着力打造宜居宜游的干净整洁平安有序花园岛，串联特色海岛、滨海景区，结合独特历史文化和多种文旅业态，丰富滨海旅游度假产品，提升滨海精品旅游线路，逐步形成陆海统筹的全域旅游发展态势。南澳深澳镇圆山村半岭山居民宿、后兰村知道民宿、东澳村榕昇归厝民宿、后兰村书野家民宿、光明村壹舍民宿入选"首批广东省乡村民宿示范点"。"全国首批国家级海洋生态文明建设示范区""广东省滨海旅游示范景区""广东省全域旅游示范区"等荣誉称号为南澳增添了亮丽的注脚。

当前，南澳县锚定"百县千镇万村高质量发展工程"工作目标和建设美丽旅游岛长远目标，以创建国家 AAAAA 级旅游景区和国家级旅游度假区为抓手，聚焦"五个一"（一个五星级酒店、一个主题旅游项目、一个渔港经济区、一个高端民宿区、一个环岛旅游样板路）项目，不断完善生态旅游和森林康养设施，同时丰富人文景观游览模式，打造度假体验型旅游产品，不断发展渔家体验、农耕体验、亲子研学、特色民宿、乡村旅游创意等康养旅游产品。2023 年南澳县被评为全国县域旅游发展潜力百佳县，入选全国"乡村四时好风光"品牌线路。

可以说，现在南澳已逐步探索走出了一条"旅游 + 体育""旅游 + 乡村""旅游 + 文化"的产业发展新路子，形成了全域共建、全域共融、全域共享的全域旅游发展新格局。南澳县委书记张林总结说："美好生活在南澳。南澳岛是'潮汕屏障、粤闽咽喉'，是'天然氧吧、海上绿洲'，这里有巍巍高山、浩浩大海、金沙白浪、五彩灯塔，置身南澳犹如置身一幅美丽画卷中，期待你们一起来成为画中人。"

文旅体的融合发展

文旅融合发展提升了旅游产品的品质与竞争力，新消费场景和新活动空间的创新开发，为游客提供更加多元化的选择。如何抓住旅游经济新风口、持续深耕文旅经济，汕头给出了自己的答案。

近年来，汕头体育中心体育场相继举办了多场大型商业演唱会，一批高水平的音乐会、音乐嘉年华也给汕头人民的文化消费市场带来了不同的选择。越来越多的消费者愿为一场演出奔赴一座城，演出市场的火热对旅游消费产生显著带动效应。

除了唱响演唱会经济，一场场电竞文旅嘉年华活动，也"玩"出了城市文化多元化、年轻化，"电竞+文旅+市集"的融合为汕头城市文旅产业发展注入新的活力。2023年举办的广东南澳岛王者荣耀电竞大赛是南澳首个面向全国的大型全民电竞活动，近600支战队、超3000人参与挑战。赛事现场除了刺激的电竞比赛，还有精彩纷呈的cosplay展会、音乐表演、互动游戏、网红景点打卡等活动，同时赛场设置了集市，观众可品尝南澳特色美食饮品、购置文创产品，为观众打造一个独具海岛特色的电竞盛会。中心城区的龙湖区，相继举办了和平精英PEN新势力联赛夏季赛总决赛、第二届和平精英全国大赛总决赛，赛事与汕头本地特色文化进行了深度绑定，通过搭建线下观赛点、商圈联动打造打卡点、电竞旅游等多种形式，进一步传播汕头城市形象。在这个过程中，电竞与文旅相结合，成为汕头城市文化品牌形象中的新元素。

近年来，汕头旅游话题刷屏全网。总结发现，在这些火爆现象的背后，有着一股非常重要的推动力，那就是年轻人。汕头在2023年暑假推出了City walk十大榜单，通过整合一系列适合漫游的景点和打卡点，让游客的游玩形式变得更多样，这种更适合年轻人的旅游方式，无论是对于促进暑期文旅消费，还是提升城市知名度，或是展现城市的文旅活力，都有积极的推动作用。旅行途中，汕头的自然景观与人文底蕴令游客惊叹不已。漫步在小公园开埠区骑楼群间，边走边听边寻觅百载商埠璀璨的光影，一步一馆，一街一景，用脚步丈量城市，用眼睛捕捉变化，用身心感受温度。走进电影博物馆，旅行模式自动切换到阅读模式，透过大师风采，体味老埠的百年光影情缘，窥见中国电影发展的流金岁月。与中国电影发展息息相关的潮汕文化，被赋予更加迷人的神秘色彩。

2023年以来，汕头紧紧抓住实施"百千万工程"契机，以发展特色生态文旅产业赋能乡村振兴，成效显著。一个个美丽乡村连点成线，串联起汕头绿色生态文旅。丰富多彩的活动让广大游客领略农耕文明的独特魅力，让青少年亲近乡土，感受耕作不易，让乡村旅游也能"酷玩"。例如，潮南区东华潮乡景区成为热门旅游打卡地，游客如织的热闹场景随处可见，独具特色的"文旅套餐"氛围感满满，从传统手工艺品到各种节庆活动，这些文化元素都与烟火气紧密相连。游客们在参与这些活动的过程中，不仅能够感受到传统文化的魅力，还能更加深入地了解乡村生活的历史和底蕴。

近年来，"旅游+民俗非遗"也成为文旅融合发展的新热点，让原本深藏于民间巷陌的传统技艺和习俗活动走出了地域限制，跨越"圈子"，走进大众视野。假期里，汕头各类非遗项目和民俗活动展演在小公园、老妈宫戏台、文化馆、潮汕历史文化博览中心等地火热开展。从被誉为"南国鲜花"的潮剧到火爆全网的"中华战舞"英歌舞，再到国庆巡游等各种丰富多彩的活动，汕头非遗绽放异彩。

如何进一步提升竞争力，推动汕头文旅产业融合发展？汕头正不断打出独具风格的组合拳，进一步提升文旅产品供给水平，展现旅游城市目的地的幸福魅力，激发文旅市场的新活力，打造文旅消费的新爆点。接下来，汕头将重点深挖文旅资源，进一步丰富旅游产品供给，通过演艺、民俗、非遗、体育等融合发展进一步拓展新业态、新模式，释放旅游消费的新潜力。

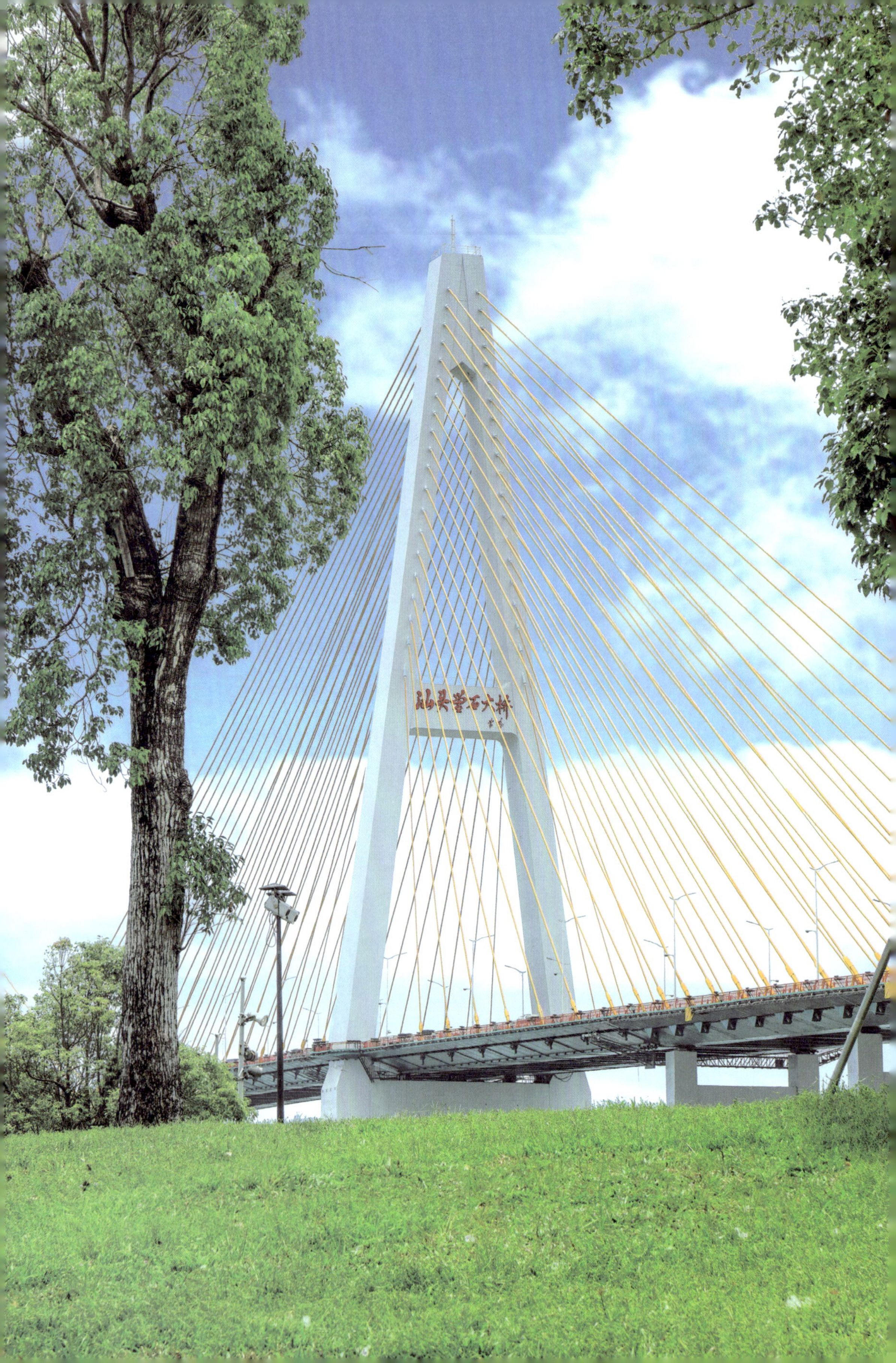
汕头礐石大桥

4

绿美侨乡
生态之城

  汕头，三面环山，山岭绵亘，林壑尤美。一湾两岸，三江入海，北回归线穿城而过，气候温润宜人，四时姹紫嫣红，美不胜收。

  山与海相拥，人与城共融。多年来，汕头深入践行"绿水青山就是金山银山"理念，围绕"打造粤东生态屏障，建设绿色和美侨乡"，高标准推进绿美汕头生态建设，打造人与自然和谐共生发展新格局。如今，漫步城市中，湖水河道清澈见底、公园绿地繁花似锦、街头巷隅绿树成荫；在练江两岸，曾经的黑臭已经成为历史，"原生态"的底色日益清新自然；有"东方夏威夷"美誉的汕头南澳岛青澳湾，"湾美、坡缓、水清、沙白"，游人如织；传统古村落、百年古榕树融入生态文明底色……放眼苍穹是醉人的"汕头蓝"，俯瞰大地是怡人的"生态绿"，满目葱茏的绿美生态卷轴已徐徐展开。

瞰见 **特** 别

一条江的美丽蝶变

练江，全长 71.1 千米，既是潮汕地区三大河流之一，也是潮汕人民的"母亲河"。20 世纪 90 年代以来，随着经济粗放发展和流域人口快速增长，练江水质恶化黑臭，成为广东省污染最严重的河流之一。

2018 年 6 月，中央环保督察"回头看"对练江整治工作提出严厉批评后，汕头市痛定思痛、知耻后勇，以超常规举措全力攻坚练江水污染整治。经过艰苦奋战，练江实现了从普遍性黑臭到国考断面消除劣Ⅴ类、再提升至Ⅳ类的重大转折性变化，被评为"广东省十大美丽河湖"，第二轮中央生态环境保护督察充分肯定练江从"污染典型"蝶变成"治污典范"的实践。

水清了，岸绿了，景美了。蝶变后的练江宛若"白练"容光焕发，以其水清岸绿景美的景观，让流域群众畅享治水兴水带来的生态福利。每到端午"龙舟月"，一场场热烈的龙舟赛在练江水面接连上演，龙腾练江，竞渡端午，阔别已久的场面终于重现。

一江白练润"两潮"

练江，因河水清澈蜿蜒如一道白练而得名，是南海水系河流，发源于普宁市大南山五峰尖西南麓杨梅坪的白水磜，流经揭阳市普宁和汕头市潮南、潮阳两区,在潮阳区海门湾入海。练江汕头段长约 41.3 千米,流域面积 838 平方千米,常住人口约 260 多万人,是潮南、潮阳地区名副其实的母亲河。

曾经,练江是沿江两岸"两潮"①居民的饮用水源。沿岸居民依水而生,江水清澈见底,既是解渴的甘霖,也是生活的来源。男人驾一叶扁舟在江上捕鱼帮补生活,女人在江边清洗衣物。夏天到了,人们在江里游泳,江边垂钓,小孩嬉戏打闹,戏水、摸鱼、抓虾。一江水养一代人,练江,是属于"两潮"人民的乡愁。

"以前江水非常清,江里的鱼也很多,很好吃。"回忆起 30 多年前的练江,潮南区水务部门一位老干部记忆犹新。"在清水汩汩而流的练江边洗菜时,不时会有小鱼过来'抢食';有时洗席子惊动了水下的鱼群,鱼儿甚至会跃上席子欢蹦乱跳……"一名自小生活在练江边的老奶奶,深情回忆年轻时练江的情景,让人仿佛看到了曾经江水澄清鱼戏浪的场景。

良好水质也带来丰富的渔业资源。潮阳区海门镇渔业联社一名老渔民回忆说,十多年前,练江和平桥至海门湾河段鱼类还比较多,除了草鱼和鲫鱼等江鱼外,当时由于还没有海门湾桥闸,"鲇鱼"(学名沙丁鱼)等浅海咸水鱼类有时也逆流而上游到和平桥附近河段。由于该河段一年四季都有丰富的渔业资源,因此当地一些浅海渔船经常逆流驶进练江捕捞。据介绍,当时一艘渔船一天最多可捕捞到 1 至 2 吨鱼虾,而且其中大部分是生性比较喜欢干净水环境的"鲇鱼"。

知耻后勇奋争先

练江也有先天不足之处,那就是源头缺水。"问渠那得清如许?为有源头活水来。"白坑湖曾经是练江主要水源,据《普宁县志》记载,清代末期,白坑湖

---

① "两潮"指汕头市潮南区、潮阳区。

湖面面积约 2000 亩，随着农民沿湖填湖造田，1970 年湖面仅约 800 亩。1970—1972 年，近湖农民再次填湖造田，湖面消失，仅留下承排环山来水的排水道。由于没有源头洁净的生态补水，再加上"两潮"地区人口密集、人多地少，练江水质逐渐受到影响。特别是 20 世纪 90 年代，流域工业快速发展，沿岸几乎每个市镇都有自己的特色产业，如"电子垃圾拆解之都"贵屿镇、"中国内衣名镇"谷饶镇。在资源环境条件先天不足、人口密集、产业结构不合理、经济发展方式粗放、环保基础设施建设滞后、畜禽养殖污染严重、环境违法行为较突出等多种因素叠加之下，从 2000 年起，练江全流域呈现重污染态势，水体发黑变臭，干流和绝大多数支流水质为劣 V 类，是当时全省污染最严重的河流之一。

2016 年，中央环保督察组进驻广东。水污染问题是督察的重中之重，而练江作为广东省污染最严重的河流之一，更是成为中央环保督察组关注的焦点。

"管网欠账多少？""污水收集率多少？""你们这个数据怎么算出来的？"时任中央第四环保督察组副组长的翟青带队赴汕头调研练江污染情况时，提出的一系列问题让许多干部面露尴尬，难以"接招"。翟青发话，练江一定是督察重点，练江的问题不解决，中央环保督察组会盯下去。

在随后广东省人民政府网站公开的督察反馈意见整改方案中，最后确定围绕练江的污染治理，汕头市需要整改的项目有 13 个，且列明整改完成的时间表。

2018 年 6 月，翟青带领督查组"回头看"的时候，发现 13 个项目无一落实。中央环保督察"回头看"对练江综合整治工作提出"五个震惊"的严厉批评，将练江污染作为反面典型予以通报。在练江边上，当着汕头市四套班子"一把手"及各区县、各部门主要负责人的面，督察组郑重建议，汕头市委、市政府的领导们住到老百姓旁边，直到练江水不黑不臭。汕头市的领导们当即表示赞同。

就在公众、媒体为督察组的建议纷纷点赞的同时，也有很多人对此表示怀疑："汕头市领导怎么可能住到臭水边上去呢？"然而，不久之后，汕头市练江流域综合整治领导小组办公室公示了一则信息，这条信息不仅公开了汕头市党政领导在练江边上的驻地及办公地点，而且还公开了要解决的问题。按照要求，汕头市委、市人大常委会、市政府、市政协每天安排班子成员到潮阳区或潮南区练江流域黑臭水体边上开展练江整治驻点工作；包干练江流域（汕头段）15条支流的市领导每月安排专门时间到包干支流现场驻点办公；驻点时间直至这些领导包干的支流水体稳定消除劣Ⅴ类。练江畔那一座座市领导驻点的"小屋"，见证了汕头练江整治"明责知责"的历程。"咬定目标不放松，直到水不黑不臭。"这是一种态度，更是一种决心，练江整治进入"动真格"状态，汕头市下决心以超常规举措全力攻坚，推进练江水污染整治。

在广东省委、省政府支持下，汕头"对症下药"，推行"大兵团"作战，各部门、有关国企成了治水"主力军"，构建起立体化全覆盖的河长矩阵，以制度的力量强力推进河道清污清障、生活污水处理、寨前池塘净化、印染工业入园、垃圾焚烧发电等系列工程，在关停取缔违法生产企业、"清拆"清除污染存量的基础上，污水处理厂及配套管网、垃圾焚烧发电厂、印染园区、雨污分流改造等多个控源截污项目提速落实，将污水"锁在岸上"。

然而，练江整治的背后不是一帆风顺的。拆违涉及群众面广，建设污水处理厂、垃圾焚烧厂又需要征地，印染企业入园更是让企业从头再来，所有工作都涉及当地百姓眼前切实的利益。更何况，对于练江的整治，当时很多人是不看好的，大家认为练江污染这么严重，已经没得救了，费尽心思整治不如填了一了百了，更何况谁知道这场整治是不是一场风呢？

如何破除这些障碍？拆除违章建筑，党员干部带头自行拆除，以身作则引领群众自觉参与。在潮南区陈店镇浮草村，当地干部带头拆除违章建筑，第一宗被拆的违建是一座楼房结构的铁皮屋，屋主是该村党支部书记的族亲。建设设施，让利于民。潮南区垃圾焚烧发电厂项目运营期间，每年帮助项目所在地村子5413人缴纳医保、城乡居民一体化养老保险。区里同时投入1490万元帮助村里修建道路、修筑桥梁、建设校舍等基础设施和公共福利项目，增加村工业用地和宅基地用地指标共60亩。对于印染企业入园，实施"一厂一策一工作组"，查清查细查实每家入园企业融资贷款需求、就业帮扶安置需求、技术设备改造升级及委托外企加工需求等，逐一建档，夯实精准帮扶基础。在过渡期间，组织相关职能部门定期到印染中心现场集中办公，为企业提供政策解读、技术指导、便捷审批等服务，推动入园企业健康规范发展。

治理为了人民、治理依靠人民、治理成效由人民评判，借民力、解民忧、暖民心，不断增强人民群众的获得感、幸福感、安全感。变化看得见，幸福摸得着，政府的行动让群众看到练江整治的信心，举全民之力攻坚练江水污染整治工作迎来实实在在的进展和成效。

一座座生活垃圾焚烧发电厂、污水处理厂拔地而起，成为推动练江治理、改善练江水质的重要基础设施。发挥流域环境治理和生态建设对经济发展的引导、优化和倒逼作用，汕头将建设纺织印染环保综合处理中心作为练江整治的重要突破口和推动经济高质量发展的着力点，把推动印染企业集中入园、集中生产、集中治污作为治理练江污染的根本之策。174家企业以入园为契机，通过引进先进设备、开展技术改造、升级智慧管控系统等措施增添绿色动能，提升产品科技含金量和市场竞争力，"绿色经济"在机器的轰鸣声中逐渐复苏。

经过5年多艰苦奋战，练江实现了从普遍性黑臭到国考断面消除劣Ⅴ类、再提升至Ⅳ类的重大转折性变化，一江两岸绿色生态美景重新映入人们眼帘，群众一度认为不可能完成的任务最终圆满完成。2021年6月，练江被广东省生态环境厅评为"2021年广东省十大美丽河湖"。2021年，第二轮第四批中央生态环境保护督察充分肯定练江从"污染典型"到"治污典范"的蝶变。2023年，练江整治被广东省生态环境厅确定为广东省"十佳污染防治攻坚战典型案例"；同年5月，汕头因在治水领域成效显著，获得国务院督查激励。以此为新的起点，汕头市提出构建符合练江流域实际的常态化治污长效机制，推动练江流域综合整治从1.0向2.0版本跃升。

4 / 绿美侨乡　生态之城

"两山"转化共富美

宽阔的练江江面上,桡手们和着铿锵鼓点振臂挥桨,飞驰的龙舟犹如出水蛟龙劈波前行、竞相角逐;满目青翠的两岸边,围观群众冒着高温酷暑,在此起彼伏的喝彩助威声中争相一睹久违多年的龙舟赛盛况……2023年6月22日,"2023年潮阳区第一届练江龙舟赛"在练江干流和平桥段举行,来自潮阳全区13个镇(街道)的龙舟队在600米直道赛道上轮次竞逐。无论是参赛的选手还是围观的群众,大家都有一个共同的感受,那就是练江水质真的看得见地改善了。潮阳因江而兴、因江而美,自古就有端午节赛龙舟的习俗,随着整治的推进,沉寂多年的练江终于重现了"江水清清、赛龙夺锦"的热闹景象。悠悠练

练江龙舟赛见证练江从"污染典型"到"治污典范"的美丽蝶变(汕头市生态环境局供图/陈史、柯晓　摄)

江水，流淌在潮汕平原，见证着流域的城乡水环境之变。塘围社区居民表示："以前练江走过去老是要捂着鼻子，还有水葫芦特别多，都不敢在周围散步，现在就好了很多，臭味也没有了，晚上吃完饭也可以散散步，水变得很清澈，也没有那个臭味了。"

在潮汕文化中，水能生财。随着练江综合整治的推进，生态红利逐渐显现，流域内百姓从治水中获得了实实在在的经济效益。靠水吃水，如今练江入海口清澈了，水面又出现了捕鱼的船只，靠捕鱼为生的海门人陆续重操旧业；池塘里面的莲藕又有干净的灌溉来源了，餐桌上又飘起了莲藕汤的香味；沿河修建的各类亲水广场，成为人们休闲的好去处，更带旺了不少地方的夜市经济。曾经"黑练"带来的疮疤正在被抚平。

为引导更多群众参与治水工作，让治水惠及更多的当地百姓，汕头以金浦街道三角河支流河道清淤为试点，探索"以工代赈"模式，即以政府为主导，鼓励和引导乡贤、村民等社会力量共同出力。项目所需资金通过发动乡贤的方式进行筹集，既为当地村民提供了再就业机会，也增加了他们的收入，同时有效解决金浦街道三角河河道淤积问题，增强河道行洪安全，改善河道水环境质量。

以练江治理为带动，地处练江中下游的潮南区陇田镇东华村抓住发展新机遇，开发乡村旅游，种植番石榴、阳光玫瑰葡萄及优质水稻等，并建起潮汕地区最大规模的潮乡葡萄基地。潮乡葡萄沟里面，每天都会准时响起悠扬的音乐，时而是经典的古典音乐，时而是抒情的田园曲，还有轻快的舞曲，而这些音乐就是东华村每天都会给葡萄上的"音乐课"。听了音乐之后的"东华村葡萄"品质得到了极大的提升与改善，加上种植要求高，人工控养细致，采用无公害的土壤和有机肥料等极致条件培育，东华村的"音乐葡萄"自上市后，就以其味道纯真、口感香甜、颗粒饱满、即采可吃等优点广受专业人士追捧，一度引来各大媒体争相报道，成为东华村的新兴产业代表。如今，东华村村容整洁、小桥流水，两岸绿植葱郁，一排民居倒映在水中，颇有一番水乡韵味，村民真正过上"靠水吃水"的生活。

在生态环境实现持续改善的同时，练江流域通过养殖业、种植业、观光休闲旅游等多点发力壮大美丽经济，实现生态文明建设、生态产业化、乡村振兴协同推进，使绿水青山产生巨大效益，实现污染治理成效和经济社会发展双提升。大力发展生态农业，在练江流域内建成5个现代农业产业园（省级园2个、市级园3个），推动生猪及丝苗米、甘薯等特色生态农作物"生产+加工+科技+品牌"全产业链条发展。依托当地古村落、湿地公园等生态田园和水域资源，构建山海农耕、筑梦侨乡、练江片区三大乡村振兴示范带，带动流域内153个村居加快发展。乡村旅游发展迅速，涌现出生态长廊、农家乐等一批网红打卡点，开发了一系列具有文化内涵的特色旅游景点和旅游线路，"美丽乡村经济"成了当地新的经济增长点，流域内蹚出了一条"两山"转化的共赢发展之路。

与此同时，汕头坚持将练江阶段性治理举措和长远性治理机制相结合、练江流域综合整治和产业发展相结合、生态环境改善和群众综合素质提升相结合"三个结合"机制，推动练江治理从以截污治污为主的"1.0版本"向"以生态全面保护和环境深化治理为基础，将生态产品与产业发展、乡村振兴、历史文化资源相结合，促进生态产品价值多元化转化与实现"的"2.0版本"提档升级。

环境不断变好的同时，群众的腰包也逐步鼓起来了。可以说，恢复洁白如练的练江，正用"看得见的变化"回应着沿江两岸群众的期盼，让流域市民群众畅享治水兴水带来的绿色生态红利。而随着练江流域综合整治从1.0向2.0版本跃升，汕头也将探索走出一条"生态与经济并行"的治污新路。

瞰见 **特** 别

一片海的绿色答卷

无论身处汕头何处,总能与海鸟不期而遇。汕头市各区县均临海洋,海岸线长,海岛众多,近岸海域水质良好,海洋资源丰富。南澳更是广东唯一的海岛县,岛上的青澳湾是我国少见的浅海沙滩,素有"东方夏威夷"之称。

近年来,汕头以海洋生态环境质量持续改善为核心,聚焦建设美丽海湾主线,勾画海洋生态环境保护蓝图,海洋生物多样性显著提高,被誉为"海洋环境探测精灵"的中华白海豚频繁现身汕头海域。国土空间有限的南澳县设立了一个国家级自然保护区(广东南澎列岛国家级自然保护区)和一个省级自然保护区(广东南澳候鸟省级自然保护区),这在全省乃至全国是绝无仅有的。

向海而生,因海而兴。除了保护海洋生态环境外,汕头全力打造"海上风电 + 海洋牧场"项目,高质量做好海洋开发文章。追"蓝"逐"绿",汕头正呈现一幅人海和谐的和美画卷。

绘就海湾"美丽画卷"

一个绿色海岛,人称北回归线上的明珠;一个蓝色海湾,迎接广东第一缕阳光的升起。2022年,生态环境部评选了第一批8个美丽海湾案例,汕头市南澳县青澳湾成功入选。

4 / 绿美侨乡　生态之城

南澳县青澳湾，三面环山，一面临海，海湾状如月眉，沙质细腻洁白。追随着中华白海豚的踪迹，踏浪而来，海风吹拂，海水清澈蔚蓝，与同样蔚蓝的天空融为一体。抬眼眺望，如果足够幸运，或许能看到"神话之鸟"——中华凤头燕鸥的身影。而远处，像冰淇淋一样的三囱崖灯塔如同屹立在大地的尽头，照亮了为生活拼搏的潮汕人的归家路。

"生态兴岛、陆海统筹、系统修复"是南澳岛的发展战略。在汕头市委、市政府的领导下，南澳岛坚持"工业不上岛"理念，大力推进青澳湾美丽海湾建设及海洋生态环境治理现代化建设，实现海湾"水清滩净、鱼鸥翔集、人海和谐"美丽景象。

俯瞰山海相依的汕头南澳岛青澳湾（汕头市生态环境局供图 / 郑木泉 摄）

"在以前，这里的大排档遍地都是，雨水污水都混在一起，和现在完全不一样。"住在青澳后窑村的村民回忆说。近年来，汕头市大力开展入河海排污口、餐饮行业整治和农村生活污水治理等工作，规范海岛污水排放行为，减少陆源污染点。通过规划和调整养殖生产布局，整治清理违法养殖面积超 2.29 万亩，设立生态养殖发展专项资金，在全省率先由县财政按比例补贴推广使用生态环保浮球，实行生态养殖。建立河海保洁长效机制，定期清理沙滩垃圾，持续改善水生态环境质量，还海湾"水清滩净"。

荣誉代表过去，优化仍在继续。青澳湾在获得"美丽海湾"荣誉后，汕头市"美丽海湾"建设工作并未停止，不仅启动南澳县农村生活污水治理终端扩容提升（一期）项目，将青澳湾污水处理站日处理能力从 2400 吨提升到 6400 吨，还启动青澳六都、后窑片生活污水源头截污补短板工程及青澳主干道雨污分流分质处理工程等一揽子提升工程，进一步提升污染防治基础设施效能。

建设美丽海湾，既要有良好的环境质量，也要有健康的生态系统。青澳湾是海豚、海龟、中国鲎、鹦鹉螺等珍稀海洋生物的重要栖息地之一，也是岩鹭、褐翅燕鸥、黑叉尾海燕等候鸟的重要中转站。汕头市编制实施《南澳岛环岛海域海岸带整治修复保护规划》，开展海岸线整治修复工作，实施蓝色海湾整治、美丽海湾生态建设、美丽海湾环境综合整治、海洋生态保护修复工程等生态保护修复工程，为海洋生物"重建家园"。

另外，汕头市以构建环境网格化监管和综合执法长效机制为抓手，有效提升全域海洋监测监管和执法能力。同时开展海豚、海龟等珍稀物种救助和保护生物多样性等主题宣传活动，使公众对海洋生态系统的保护意识大幅提高。

如今，中华白海豚已成为南澳周边海域的"常客"。这里还观测到国家一级保护鸟类 7 种、二级保护鸟类 17 种，广东省重点保护鸟类 28 种，特别是 2023 年首次拍摄记录到"神话之鸟"——中华凤头燕鸥，"鱼鸥翔集"成为南澳岛的特色景致。

"工业不上岛"，南澳岛经济该如何发展呢？"护得水岸清，治海也致富。"汕头市出台《汕头市南澳岛规划建设管理办法》，推进南澳岛生态环境与资源高水平保护利用，南澳岛坚定发展生态文体旅产业和现代海洋牧场，积极开展海岸带整治、海岸植被绿化、生态廊道建设、栈道建设等工作，进一步优化亲海空间和海岸景观，形成集蓝天、碧海、绿林、银沙、细浪于一体的亮丽风景线，使青澳湾成为汕头的旅游胜地，推动生态资源转化为旅游人气、旅游人气转化为经济效益。

各美其美，美美与共，青澳湾是汕头市统筹实施美丽海湾建设的缩影。根据《汕头市海洋生态环境保护"十四五"规划》，汕头市将梯次推进美丽海湾保护与建设，把内海湾、青澳湾、广澳湾打造成各美其美的美丽海湾。

值得一提的是，汕头是我国唯一一个市区拥有内海湾的城市，山明水秀、风景如画的内海湾，既见证了汕头的发展变迁，也是展示汕头因海而兴、海纳百川城市魅力的一张重要名片。为保护好内海湾的生态资源和自然环境，维护好汕头海湾城市生态名片，汕头专门制定《汕头经济特区内海湾保护条例》，并于2023年4月1日施行，进一步加强内海湾多维度生态保护、统筹内海湾资源合理开发利用，力争把内海湾打造为产城融合的都市型"美丽海湾"。随着条例及配套的内海湾保护与发展规划的编制实施，我们有理由相信，汕头内海湾将实现从传统港区向新时代湾区的华丽转变，成为"华侨客厅、创新平台、魅力海湾"。

汕头，在碧海银滩向金山银山转化的道路上，笃定前行，行稳致远。

逐梦深蓝"财富密码"

俗话说："靠山吃山，靠海吃海。"汕头市地处东海与南海交汇处，全市海域面积4000多平方千米，是陆域面积的2倍。海域盐度稳定适中，溶氧量高，牧渔耕海，汕头是建设蓝色粮仓的天然主战场。

漫步南澳县深澳镇走马埔村，放眼蔚蓝大海，色彩斑斓的新型环保浮筒方阵在海面上一望无垠，宛若一片浪漫的"彩虹海"，吸引许多游客慕名而来。这些浮球方阵其实是养殖牡蛎的专用设施，采用PET材质，可阻挡紫外线，无毒、无味，不仅回收方便，还能控制牡蛎的养殖密度、滤水时间，进而提高牡蛎的产量和质量，既推动牡蛎养殖产业绿色发展，也为海洋生态保护作出贡献。渔舟穿梭于海洋牧场之间，一静一动，串起了渔民的致富之路。

渔歌四起，驾一叶扁舟，来到南澳岛以南4000多米开外海域的南澳县平屿深水网箱养殖基地。一尾尾金鲳鱼、鮸鱼、鰤鱼等海水鱼在圆环形的深水网箱内自由游走，一艘艘渔船或投放饲料或检修设备，渔民忙个不停。纯天然养殖环境，养殖容量大，没有尾水排放；海水自净能力强……深远海养殖，实现生态环境保护与渔民增收双赢。类似的场景在汕头海域比比皆是，从浅海到深海，从"看天吃饭"到"高效养殖"，从单一捕捞打鱼到水产加工、现代物流、休闲渔业等第二、第三产业全方位发展。依托海洋生态养殖，汕头沿海小渔村发展得越来越好，不少年轻人回到家乡，开起餐厅、做起导游，或者通过电商平台销售自家的海产品，日子过得红红火火。

汕头海洋牧场快速发展，建成全国最大的县级太平洋牡蛎养殖基地和全省最大的藻类养殖基地，牡蛎、紫菜等当地优质农产品需求量也不断增多，"蓝色粮仓"逐渐成型。值得一提的是，牡蛎在生长过程中能够将水体中的二氧化碳固定合成牡蛎壳和软组织，从而降低温室气体浓度。2021年，南澳县被列入省级碳中和试点示范建设；2022年，广东首笔海洋碳汇预期收益权质押贷款落地汕头，实现生态价值向经济价值转化。与此同时，通过鼓励群众发展藻类养殖和深水网箱养殖等一系列措施，减少养殖业对海洋环境的污染，近年来汕头海域很少发生赤潮，海水水质绝大部分达到国家一、二类标准。

海洋经济，除了做"加法"，还得做"乘法"。汕头风力资源丰富，海域风速可达9至10米/秒，海上风电年有效平均利用小时数在3800小时以上，有发展风电的天然优势。在汕头大力发展海上风电产业的热潮下，"海洋牧场+海上风电"的融合发展之路，将成为探索现代深远海立体开发模式的新路径。

与不远处的深水网箱相映成趣,汕头市首个海上风电项目——大唐南澳勒门Ⅰ海上风电项目的 35 台风电机组整齐列阵,白色扇叶迎风转动,将阵阵海风转化为绿色电力,预计每年可节约标煤约 24 万吨,减少二氧化碳排放 45 万吨。隔海相望,是汕头在濠江区打造的海上风电先进装备制造产业园区,一台台风力发电主机整装待发,将发往海上风场交付安装。除了大唐南澳勒门Ⅰ海上风电项目,华能汕头勒门(二)海上风电场项目建设进入尾声阶段,大唐南澳勒门Ⅰ海上风电扩建项目正在进入建设阶段……汕头,正依托良好风能资源和产业基础,建设国际风电创新港,同步推进氢能、储能、智慧电气装备等产业发展,打造 2000 亿元新能源产业集群,积极拓展蓝色发展空间。

谱写海洋"生命之歌"

天上鸥鹭自由飞翔,海中鲸豚悠然游动,海底珊瑚安静生长。汕头良好的海洋生态环境,是众多生物眷恋的乐园。

南澎列岛

在汕头市南澳岛东南方向的一片宝藏海域洋面上,或许能看见成群黑、灰、白、粉红等颜色的中华白海豚在追逐嬉戏,时而跃出水面。这片海域便是被誉为"中国南海典型的海洋生物资源宝库""中国南海北部活的自然博物馆"的广东南澎列岛国家级自然保护区,这里的岛屿与礁石仍保存着原始自然风貌,是广东沿海最具有代表性的近海海洋生态系统之一。

海洋自然保护区,是为保护海洋环境和海洋资源而划出界限,加以特殊保护的具有代表性的自然地带。广东南澎列岛自然保护区有着丰富的生物资源,目前已发现的海洋生物有 1308 种。除了中华白海豚,广东南澎列岛国家级自然保护区还有鹦鹉螺、海龟、黄唇鱼、克氏海马鱼、瓶鼻海豚、印太江豚、中国龙虾、中国鲎、鲸鲨等 20 多种国家一级、二级和省级重点海洋动物。潜入海底世界，鹿角珊瑚、蔷薇珊瑚、橙黄滨珊瑚、斯式角孔珊瑚、盾形陀螺珊瑚让人目不暇接。这些对生长环境要求极高的造礁石珊瑚在这里至少有 12 种，得到良好生长发育。另外，该海洋自然保护区还有石斑鱼、龙虾、锯缘青蟹、大黄鱼、紫菜、鲷科鱼等 772 种主要经济鱼类、虾蟹类、贝类、藻类。

为了更好地管护，汕头市在广东南澎列岛自然保护区建立起专职的管护机构，设立保护区渔政和海监支队，配备相应的管护设施设备，确保各项工作顺利开展。汕头市还设立珍稀濒危野生保护动物救护热线，广泛发动群众参与野生动物救助；开展资源环境调查监测，与科研机构、院校合作研究项目，提高保护区科研水平。在休渔期间，汕头市还开设相关培训班，提高渔民综合素质，凝聚海洋生态环境保护合力。

乌屿

海洋饵料充足，海岛也随之热闹起来。一个只有 0.04 平方千米的小岛上，竟然栖息着 5 万多只海鸟。在候鸟聚集的高峰期，该岛海鸟数量甚至达 10 多万只。这个"鸟岛"，就是广东南澳候鸟省级自然保护区核心区域——乌屿。

广东南澳候鸟省级自然保护区，是广东省唯一以候鸟及其栖息环境、觅食环境作为主要保护对象的自然保护区。特殊的地理位置和优越的自然环境，为候鸟觅食、栖息、繁殖提供了一个优良的场所。

近年来，汕头市积极推进海洋生态环境建设，南澳候鸟保护区及周边海域生态环境持续改善，候鸟族群不断扩大，已成为岩鹭、褐翅燕鸥、粉红燕鸥、黑枕燕鸥、黑叉尾海燕、大凤头燕鸥等候鸟的繁殖地。一年四季在保护区停留过的各种候鸟、旅鸟、留鸟和繁殖鸟共有 116 种，其中国家 I 级保护鸟类有 6 种，国家 II 级保护鸟类有 17 种，广东省重点保护鸟类有 28 种，因而被誉为"广东省十佳观鸟胜地"之一。

随着南澳候鸟保护区生态环境不断优化，汕头市生物多样性保护工作取得了明显成效。2023年10月，被誉为"神话之鸟"、全球种群总量仅有200余只的中华凤头燕鸥现身南澳候鸟保护区，汕头已成为珍稀物种的热门打卡地。

义丰溪

化身一只海鸟，自广东南澳候鸟省级自然保护区往西飞翔，很快就可以来到汕头市区近岸。从空中俯瞰，河水碧绿清澈，水草清晰可见，红树林和塭池相间，错落有致。红树林，既是湿地生态系统的重要组成部分，具有净化海水、防风消浪、固碳储碳、维护生物多样性等重要作用，同时也是生命的乐园。

在汕头市澄海区义丰溪出海口、合昌围沿海地带，延绵十几千米，遍布着郁郁葱葱的红树林，蔚为壮观。红树林下，潮起潮落，野花在湿地里竞相绽放，鱼虾在滩涂中自在畅游，吸引成群结队的白鹭、池鹭等水鸟前来栖息、觅食，一个完整的生态系统就此形成。

分布于澄海区盐鸿、东里、溪南等地沿海滩涂的红树林，在过去，由于围海造田受到大面积改造，传统海堤比例高，自然岸线保有率较低，人工养殖塘占领河滩生态空间，部分水系受到阻隔；加上红树林下垃圾较多，水体质量较差。此外，原有红树林群落类型单一，生态功能价值有待提升。

为推动义丰溪河口生态修复，汕头市开展义丰溪自然岸线修复、生态海堤建设、红树林改造提升以及打造亲水空间等措施，将义丰溪河口打造成滨海湿地修复先行示范区、海岸线生态修复示范基地和粤东城市群生态旅游休闲胜地。

整个生态修复工程，可以总结为"拆建管护"四个字，即清理拆除岸线构筑物、退养还滩、退养还湿；开展海堤生态化建设，减弱硬质化护坡并柔化岸线；加强陆源环境监管以及入海排污口摸查，减少陆源污染物排海量；对红树林和盐水草地及淤泥质滩涂等区域实行重点保护和自然恢复的方式进行保育。通过定期清理薇甘菊、银合欢、水葫芦等外来入侵植物，广泛种植木榄、海芒果、桐花树、秋茄等红树植物和半红树植物，汕头市既新增了红树林种植面积，也扩大了鸟类觅食区域，生物多样性持续提升。汕头市还通过建设栈道、观鸟屋、观景平台、游艇离岸观光、科普宣教中心等设施，打造义丰溪河口亲水空间，开展生态旅游。

义丰溪海岸线生态修复涉及水（义丰溪）、草（盐水草地）、林（红树林）、田（水田）、海（义丰溪港）。生态修复后，区域环境得到整治，水质从Ⅴ类提升为Ⅲ至Ⅳ类，人工养殖场恢复为自然湿地，生物多样性明显提升，生态环境得到改善，生态景观持续改观。如今，在义丰溪出海口的红树林已恢复至近2000亩，不仅构筑起沿海绿色生态屏障，孕育了"候鸟天堂"，更成为汕头市一道亮丽的生态文明风景线。

一座城的生态底色

汕头既是一座因海而兴的"蓝色"之城，也是一座生态文明的"绿色"之城。行走在汕头大街小巷，处处生机盎然。青林碧海、鸥鹭翔集，高楼林立、车水马龙，自然与繁华相得益彰，彰显人与自然和谐共生的生态文明理念。

以习近平生态文明思想为指引，深入践行"绿水青山就是金山银山"理念，汕头厚植生态文明底色，加快推动绿色发展，描绘环境优美、生态宜居、人与自然和谐共生的"绿色版图"，打造林、海、城交融的具有汕头特色的生态宜居城，为绿美广东建设增添浓厚的"汕头绿"。

文化基因化为行动自觉

俯瞰汕头，一边是林立高楼、道路纵横、繁花似锦，一边是碧海蓝天、山岛耸立、绿意满屏。有人说，这绿，是礐石山枝头探出的新芽，是澄海义丰溪的花草摇曳，是濠江苏埃湾红树林的万鸟盘旋，是南澳黄花山满眼的青峦迭起。优良的生态环境，如今已经成为汕头市民群众的"幸福不动产"，在这座海滨城市，生产美、生态美、生活美的概念已经从理想照进现实。这些成绩的取得，源自汕头市牢固树立和践行"绿水青山就是金山银山"的理念，将生态文明建设融入经济社会发展各方面全过程，加快打造人与自然和谐共生的汕头样板；

也源自汕头厚植生态文化,深怀对自然的敬畏之心,尊重自然、顺应自然、保护自然,构建人与自然和谐共生的绿美家园。

南澳县云澳镇澳前村,是个纯渔业的自然大村,村中关帝庙旁立有一块距今已经170多年的古石碑,石碑上刻有"不许砍伐树木,严禁斩剥莱芜,窃挑沙土,搬运石块"等字样,尽管这块石碑已历史久远,但碑上内容依然是村民的守则。

澳前村老人协会理事蔡俊豪提到,石碑是清朝年间先人林上九为让村民保住本村的沙土林木而立。村民也都严格遵守约定,一代一代传承下来,成为大家都遵守的村规民约。如今的澳前村,人们依然敬畏自然,身体力行保护生态环境,"大家对生态环境比较关注,对污染防治非常支持,日常生活也不会乱丢垃圾乱排废水,这是祖辈传承下来的意识"。

这样的故事,在汕头并不鲜见。澄海莲华镇一棵棵百年老榕树,而今依旧枝繁叶茂;金平区鮀江街道鮀东古村落,百年前祖先留下的宫前池,仍然是居民亲水纳凉的好去处……百年老榕树、风水塘,它们是见证历史时空的"绿色文物",是底蕴深厚丰富的人文故事,也是汕头人对绿色家园的守护和传承。

治水关乎治国,水脉连着文脉。潮汕人的心目中,水是财富的象征,有聚气纳财的作用,必须保护好。在练江治理过程中,根植于骨子里的这种生态文化基因以及对治水的人文情怀,让整治过程中涌现出许许多多感人的故事。

潮南区仙城镇的波溪村,经济底子相对较为薄弱,但对于河涌整治,村委领导班子高度重视,村民踊跃支持,村支书和村干部专门到深圳、广州等地发动乡贤捐资,得到该村4位在外人士的大力支持,共捐资100多万元用于家乡的河涌整治。峡山街道泗联居委西埔村甚至出现了全村各家各户都自愿捐款参与整治的感人场面,全村260户村民共捐款约380万元。治水不仅得到广大人民群众的支持,也吸引潮籍海内外乡亲、社会各界贤达踊跃捐款,主动认捐67宗整治环境卫生公益项目,捐赠资金9109万元。在2015年7月举办的"练江整治在行动"公益音乐会上,筹得资金逾1.52亿元。

练江整治后，当地不少热心群众自发组成"河小青"护河志愿队、垃圾分类志愿队，参与练江日常保洁，以身作则，呼吁人们饮水思源。目前，"河小青"护河志愿队注册志愿者达1万多人，当地还组建多支"守护练江"宣传轻骑队，开展文艺下乡、主题宣讲，让生态文明理念更加深入人心。在汕头梅溪河，巡河人佘康安三十几年如一日守护这条母亲河，日复一日地对梅溪河水资源保护区河道进行清理和安全巡查。除了除夕下午，佘康安和同事们几乎全年无休。守护梅溪河，已成为他生活的一部分，成为自己的一份使命和担当。

练江"河小青"护河志愿服务队（汕头市生态环境局供图/张纯 摄）

大道无言，其行也坚。漫步城市中，湖水河道清澈见底；万里碧道，绿叶红花交相辉映；练江两岸，青山碧水沁人心脾。务实的汕头人，正用实际行动持续加强生态文明建设，不断提升城市品质，加快建设粤东秀美山川，擦亮美丽广东的绿色底色。

瞭见 **特** 别

政府引导培育生态理念

2023年8月15日是首个全国生态日。这天，在汕头市龙湖区新海街道大兴村，汕头首个全国生态日主题宣传活动隆重举行，舞蹈、诗歌朗诵、潮语快板、潮曲演唱、杂技、歌曲、小品等文艺形式为观众呈现了一场视听盛宴、文化盛宴、生态洗礼，吸引大兴村近千名群众驻足观看。

结合汕头生态环境保护工作中的真人真事，各单位自编自演文艺作品，全面展示汕头生态文明建设历程中的生动实践。小品《迁》讲述了生活垃圾焚烧发电厂选址面临征地困难和引起"邻避"效应的故事：在相关部门晓之以理、动之以情的宣教下，村民们由最初的"误解""抵制"转变为"拥护""支持"，了解到建设垃圾焚烧发电厂不仅能实现垃圾"零填埋"，对人体健康也是"零危害"，昔日英雄墓更可迁往更合适的地方供村民瞻仰。杂技《攀登》通过力与美的完美结合展现了练江流域从"污染典型"蝶变为"治污典范"的艰辛历程，体现了汕头环保人不畏困难，勇攀高峰，为推动练江整治向2.0版本提档升级而团结奋斗的气魄和决心。《一树梅花香》围绕"绿水青山就是金山银山"的发展理念展开，故事情节取材于汕头市潮南区，讲述女干部王海霞如何依托山村青梅资源，说服大家舍弃眼前的小利，做通全村人思想工作，最后印染厂迁入山下的印染产业园，大力发展青梅经济，建设绿化乡村，从而帮助梅花村脱贫，走向共同富裕的故事。潮语快板《幸福新汕头》通过脍炙人口的"潮语+快板"形式，展现了汕头以实施"百县千镇万村高质量发展工程"为抓手，加快构建城乡区域协调发展新格局，绘就绿美汕头新画卷的宏大愿景。

良好生态环境是最普惠的民生福祉。2018年5月，习近平总书记在全国生态环境保护大会上指出，生态文明是人民群众共同参与共同建设共同享有的事业，要把建设美丽中国转化为全体人民自觉行动。每个人都是生态环境的保护者、建设者、受益者，没有哪个人是旁观者、局外人、批评家，谁也不能只说不做、置身事外。如何让群众积极参与到生态文明建设工作中来？汕头有自己的行动。每年年初，汕头组织市有关单位、生态环境系统各部门、各环境教育基地、各环保设施开放单位、各社会环保组织，召开全市生态环境宣教会议，谋划年度重点宣教工作，重点围绕国际生物多样性日、六五环境日、全国低碳日、全国生态日等重要节点制订工作计划，明确职责分工，安排工作任务。通过宣传教育，不断增强全民节约意识、环保意识、生态意识，培育生态道德和行为准则，开展全民绿色行动，动员全社会以实际行动减少能源资源消耗和污染排放，为生态环境保护作出贡献，让"绿水青山就是金山银山"的发展理念在汕头走深走实、结出硕果。

通过生物多样性保护主题宣传展板展览、纪念打卡、环保承诺墙签名、鱼苗放生、植树护绿、生物多样性有奖知识问答等活动，向群众传播生物多样性保护知识，引导群众共同参与守护生物多样性；"【六五环境日】美丽海湾，你我共建——汕头内海湾图片随手拍征集""【六五环境日】'我为汕头环境代言'，一起来为汕头生态环境贡献标语口号吧！"等线上环保主题活动，引导群众关心关注身边生态环境，唤起公众保护生态环境的意识；组织举办全市生态环境系统"喜迎二十大·强国复兴有我"主题宣讲会，推出"环保'她'风采"环保巾帼典型专题宣传，激励全市生态环境系统党员干部不忘初心、牢记使命，以良好的精神面貌齐心治污攻坚……形式多样、内容丰富的生态文明宣教活动，为汕头营造了生态环境保护的良好社会氛围，形成人人关心、支持、参与生态环境保护工作的可喜局面。

汕头还积极推选优秀生态环境志愿者、公众参与案例、环保设施开放单位参加生态环境部每年组织开展的年度"'美丽中国，我是行动者'提升公民生态文明意识行动计划"先进典型宣传推选活动。2021年以来，已有2人入选全国百名最美生态环境志愿者，1人入选广东省最美生态环保志愿者，1案例入选广东省优秀公众参与案例，2 单位入选广东省环保设施开放先进单位。以榜样力量，鼓舞更多市民投身生态文明建设。

生态文明结出丰硕成果

"生态兴则文明兴，生态衰则文明衰。"现如今，汕头正围绕实施"百县千镇万村高质量发展工程"，以绿美汕头生态建设为牵引，全面推进汕头生态文明建设，加快打造人与自然和谐共生的汕头样板。在推动人与自然和谐共生现代化建设的历史进程中，汕头将生态文明建设提到了前所未有的高度，生态文明理念如今更是深深烙印在汕头发展的每一步。

澄海坐落于莲花山下，生态优美、资源丰富，境内韩江三条支流穿城而过，5600 亩红树林傍海而生，"三河五岸"、拥江抱海，拥有富水的天然格局，人与自然和谐共生，因此也常被比作"汕头市后花园"。一直以来，澄海区始终将"生态"作为一张金名片，在省、市两级的支持下，2022—2023 年印发创建国家生态文明建设示范区实施方案，高位统筹、系统部署生态文明示范创建各项工作，不断完善工作机制，紧盯重点环节开展夯基础、补短板工作。从决定创建，到编制规划，再到推动进展，经过两年多的努力，澄海生态文明建设终于结出硕果；2023 年，广东省汕头市澄海区被命名表彰为第七批生态文明建设示范区，也是粤东地区第一个创建成功的区县级国家生态文明建设示范区。澄海区的生态禀赋和侨乡底蕴再次刷新人们的认识，"绿美澄海""魅力侨乡"将成为与玩具、狮头鹅齐名的崭新名片。

位于濠江区的南滨绿地公园，地处内海湾礐石大桥南段，背靠礐石风景区，与市中心区隔海相望，地理位置优越。这里原来是一个规模巨大、污染严重的大型煤场码头，严重影响周边市民的生活环境，生态亟须修复。片区存在煤矿棕地、生态脆弱、场地易涝等问题。通过修复山海生态廊道、塑造韧性海绵系统,实现从煤场码头到南滨绿地公园的美丽嬗变。公园基于依山傍海的地理位置、浓厚的渡口文化、丰富的工业遗迹资源等特点,因地制宜开展改造,形成连通山海的生态廊道。公园内的海绵体系,不仅利用中心湖、湿地花海等作为湿塘容纳汇流雨水,还以生态海绵体循环滋养湖景,使此处成为市民及游客休闲娱乐的好去处。

人不负青山,青山定不负人。2023年以来,南澳县获选全国"和美海岛",澄海区获得第七批国家级生态文明建设示范区称号,莲阳河获评全国2023年度"幸福河湖",青澳湾入选全国首批4个美丽海湾优秀案例,南澳海岛国家森林公园被认定为"广东省自然教育基地"……绿水青山间,汕头获得了一张又一张珍贵的省级、国家级生态名片。如今的汕头,天更蓝、水更清、山更绿,优美的生态环境正不断成为百姓福祉,绿美生态建设全面铺开,"一核一带三廊四屏五区"①的新格局已初步构建。未来,汕头还将谋划森林质量精准提升、城乡一体绿美提升、绿美保护地提升、绿色通道品质提升、古树名木保护提升、全民爱绿植绿护绿六大行动和绿美示范点建设等工作,高标准推进绿美汕头生态建设,持续擦亮汕头高质量发展生态底色。

草木植成,国之富也。良好生态环境既是自然财富,也是经济财富。新征程上,汕头将积极投身建设美丽中国的伟大实践,牢固树立和深入践行"绿水青山就是金山银山"理念,始终保持加强生态文明建设的战略定力,继续锚定高质量发展首要任务,围绕制造业当家、落实"百县千镇万村高质量发展工程""绿美汕头"生态建设等重要部署,全面推进汕头生态文明建设,守好生态环境底线,把生态环境建设成效源源不断地转化为绿色发展动能,奋力书写高质量发展的"绿美答卷",为打造人与自然和谐共生的现代化广东样板作出汕头贡献。

---

① 一核是城镇休闲宜居核心;一带是东部沿海生态防护带;三廊是韩江、榕江、练江领域湿地生态廊道;四屏是莲花山、桑浦山、小北山、大南山森林生态屏障;五区是中部城镇生态宜居区、东北部森林生态培育区、西北部生态产业发展区、西南部森林生态保育区、南澳岛森林旅游发展区。

海不揚波

5

畅通"血脉"
强健"经络"

  汕头交通有着辉煌的历史。从闻名于世的樟林港到我国第一条民营铁路，从排名全国前十的船舶吨位数到雄踞全国前三的港口吞吐量，从规模宏大的南澳大桥到有"世界级超级工程"之称的海湾隧道，一个个攻坚克难、劈山斩海的交通项目，共同支撑起了这座百年商埠的繁荣，也参与并见证了汕头经济特区的诞生与成长。

  改革开放以来，汕头的交通面貌日新月异，特别是党的十八大以后，更是取得了长足的发展。如今的汕头，是国务院批复的"海上丝绸之路重要门户"，是国家规划的"全国性综合交通枢纽"，是粤东铁路枢纽，也是"商贸服务型国家物流枢纽"承载城市，正逐步成为连接粤港澳大湾区与粤闽浙沿海城市群的战略枢纽。

  海阔天空，山高水长。再漫长的距离，终究会被"逢山开路，遇水架桥"的攻坚精神所消弭。

  今天的汕头，港口汽笛轰鸣，列车风驰电掣。海陆之间，一个个重大交通基础设施项目纵横交错、高歌猛进，为这座城市构建起日益强健的骨骼和经脉。绵延万里的交通干线，既拓宽了前进的视野，也铺开了发展的新篇。

瞰见 **特** 别

海丝通古今　踏浪卷千澜

千年沧桑海港巨变

向海而生、因港而立的汕头，其交通事业的辉煌篇章，也要从海港说起。

今天，当人们走进汕头市澄海区东里镇的樟林古港旧址，早已不见当年千帆云集、樯橹林立的繁荣景象。唯有一艘大型仿真红头船，无声诉说着那段"通洋总汇"的海港交通历史。

樟林港在汕头开埠以前是粤东第一港口，是我国古代海上丝绸之路的主要港口之一。昔日樟林港有一胜景名为"仙人翻册"，描述的就是在高处看众多船只扬帆入港、"帆随船转"的壮观景象，如同仙人在翻动书册。这一极具想象力的描述，形象概括了昔年船舶浩浩荡荡进出樟林港的盛况。历史上，樟林港之所以能在汕头的港口中跻身顶流，主要得益于它优越的区位条件。樟林港处于江海交汇处，上行可以通过韩江中上游密如蛛网的淡水河道直接通往平原腹地，下行可以对外通向汪洋大海。用今天的话来说，就是在畅通国内国际双循环中发挥着重要的作用。

自清朝后，各地商船纷至沓来，樟林港就承担着闽粤浙三省商户集散、中转货物的海运任务。每年夏季，商船或北上苏州、天津，贩回棉布、色布、干果、药材，或南下暹罗、印尼、马来西亚等南洋诸国，运回大米、木材等，樟

位于古港河出海口处的高仿真景观红头船已经成为樟林古港的网红打卡地（汕头市澄海区东里镇人民政府供图）

林港成为潮汕早期的海上门户。自 1723—1791 年（雍正元年至乾隆五十六年）大约 70 年的时间是樟林港的黄金时代。后来由于航道逐渐淤塞，到同治年间，樟林港东面已逐步变成沙田，港内出海的路程增加了数十里，同时伴随着汕头开埠，樟林港逐渐走向衰落，而汕头港从此崛起。

时空流转，帆影未歇。从樟林港到汕头港，一古一今，变的是港口的地理位置、航道航线、服务对象和时代作用，不变的是它们在参与海上丝绸之路建设中的积极作为。汕头港接过樟林港的接力棒，充分发挥着港口在建设现代化沿海经济带重要发展极中的重要作用，书写下新时期港口建设的新篇章。

汕头港最早叫"沙汕头港"，与溪东港处于同一内海湾，但更靠近妈屿口。它以梅溪为航道，能够与潮安、澄海实现南北通航，向西穿过牛田洋则可以通达潮阳、惠来，沿着榕江又可以抵达揭阳、普宁，向东出妈屿口则可以直通外海辐射全球。

自 1683 年（清康熙二十二年）清政府平定台湾、取消海禁之后，汕头一带沿海航运贸易得到发展。鸦片战争后，汕头正式成为对外通商口岸，并于 1860 年 1 月在汕头港东面的妈屿岛上设立了"潮海关"，至此，汕头正式开埠。

开埠后，汕头成了外贸入倾、内贸输出的黄金海岸。随着以汕头为中心的商贸网络、交通网络和近代工业体系的建立，汕头成为恩格斯口中"远东地区唯一有一点商业意义的口岸"。19 世纪 60 年代末期，外商纷纷来汕头开设洋行、商船会社和航业公司等机构，到 20 世纪 30 年代，汕头港已成为粤东、赣南、闽西南重要的货物集散地和中国东南沿海的国际性海港。

新中国成立以后，国家收回汕头港管理主权，并对汕头港主港区和珠池港区进行系统性建设，先后建成 1 座 3000 吨级泊位客货兼用的码头，2 个 5000 吨级码头及其机械设备和配套设施，3.5 万吨级煤泊位、1.5 万吨级杂货泊位和 2 万吨级多用途泊位各 1 个，以及配套的 7.95 千米外导流防沙堤 1 条，工程设计年吞吐能力 530 万吨。1988 年 6 月，汕头港被确立为国家一类口岸。

1994 年 6 月，由潮籍企业家李嘉诚属下的香港和记黄埔集团国际货柜码头有限公司与汕头港务局合资兴建的汕头国际集装箱码头在汕头港珠池港区开工建设，开启了华侨投资家乡建设的新局面。码头规划建设 2 个 2.5 万吨级全集装箱泊位，技术设计年吞吐能力 40 万标箱，于 1998 年 12 月竣工并全面投产。随着汕头港深水港珠池港区一、二期工程竣工，至 2002 年，汕头港成为华南沿海地区年吞吐能力超 2000 万吨的大港。

"不谋万世者，不足谋一时。"随着船舶大型化的发展，汕头内海湾港区的航道条件逐步显露出不足。汕头市委、市政府早作预判，于 1999 年开启汕头港规模扩大建设的立项工作。2002 年 11 月，广澳港区开工建设 2 个 5 万吨级码头。2006 年，汕头港完成港口规模扩大的建设项目竣工验收。2014 年 7 月，《汕头港总体规划（2012—2030 年）》获交通运输部和广东省人民政府联合批复，规划提出汕头将打造"一港九区"的规划发展格局。2015年3月，汕头港被纳入中国"一带一路"重点建设的15个港口之一，标志着汕头港开启了由内海湾港向外海深水港的蜕变。

汕头港一步步走来，步履踏实而坚定。如今的汕头港外海深水港区——广澳港区已完成了一、二期工程建设，全港现有500吨级以上泊位35个，其中万吨级深水泊位14个；码头通过能力4202万吨，其中集装箱198万标箱。广澳港区三期工程已列入国家"十四五"规划102项重大工程项目，建成后将新增货物设计年通过能力1365万吨、集装箱年通过能力230万标箱。

今天的汕头港经过多年的发展，已经成为以集装箱为主、散杂货为辅的粤东核心港，也是粤港澳大湾区港口群主要的支线港和喂给港。2022年世界银行发布的全球集装箱港口绩效指数（CPPI）报告显示，汕头港在全球港口排名第77位，在"一带一路"15个重点建设港口里排名第9位，在广东省排名第3位。汕头港的崛起将更加有力地支撑港口枢纽经济快速发展，强化港口对汕头城市枢纽提阶进档的驱动效应，让"蓝色"动力不断激发出区域经济的"蝴蝶效应"。

千帆竞渡航线繁忙

自汕头开埠通商后，各国商船纷至沓来，汕头港变得日益繁忙。据《潮海关史料汇编》记载，仅在汕头开埠通商的1860年，进出汕头港的外国商船就有161艘次，船舶吨位近6万吨，1866年涌入汕头的外国商船达525艘次。中华民国时期，进入汕头港的轮船数量与日俱增，根据《潮州志·交通志》记载："宣统三年（1911年）在汕头进入之汽船共2618艘，总3035860吨。"这一数据在1930年达到4010艘，总吨位573.6万吨；1933年达到4478艘，总吨位675万多吨。1932—1949年，往来海外的船舶吨数保持在全国前10名，港口吞吐量占全国沿海各港口货运量的8.76%，1932—1937年和1949年则居全国第

瞰见 特别

3 位。① 1864—1911 年，共有 12 种国籍、38177 艘次、总吨位 3486.3 万吨的外籍商船进入汕头港。特别是这期间的最后几年，平均每年有约 1300 艘次、150 万吨位的船只进出，与开埠初期相比，船只数增加 1.6 倍，吨位数增加约 6.5 倍。② 汕头以其海贩贸易的进出口业为基础，不仅承担着粤东、闽西南、赣南等区域与海内外市场商品交流的功能，而且承担着中国市场与外国市场的商品交流的功能。

曾经，无数青年才俊从樟林港扬帆启航走向世界。他们时刻不忘背后所依靠的祖国，在激荡沉浮的商贸风云里，又将投资海运事业的眼光投向故乡的广阔海域。在汕头海运事业的发展中，海外华侨作出了不朽的贡献。

近代早期，潮汕商人以红头船为航海交通工具，与外国轮船相媲美。然而，红头船毕竟落后于汽轮船，必然为时代所淘汰。在汕头等中国沿海城市及东南亚的海港里，英国太古公司的"红烟筒"船与怡和公司的"乌烟筒"船逐渐占据上风。为了避免外国商人利用汽轮船操纵"汕—香—暹—叻"国际贸易，经由泰国潮商巨子郑智勇倡议，泰国潮州商人于 1905 年创立暹罗华侨通商轮船股份公司（简称"华暹轮船公司"），集资 300 万铢，购置 8 艘轮船，航行于泰国、马来亚、新加坡、印尼、越南、柬埔寨、香港、汕头、厦门、上海、日本之间，其中有 4 艘专门行驶于汕暹线，往返运货载客，以抗拒外国商人对海运业的垄断。后来，潮汕商人又开始租赁外轮，或代理外轮商务，从外轮顾客变身为外轮主人。1945 年秋至 1946 年秋，在汕头创办和复办的轮船（船务）公司和船务行中，就有五福、和丰、捷利、美昌、福利、丰华、四维、粤侨、泰生、大生、元华、信德、建运、泰成等 10 多家，其中大多数是侨商创设。

近代潮籍华侨创办的轮船（船务）公司，与汕头海上航运密切相关，促进

---

① 《开埠的汕头：一个活力四射的近代粤东商业中心》，https://baijiahao.baidu.com/s?id=1734936653400051147&wfr=spider&for=pc。
② 《开埠的汕头：一个繁盛的通商口岸》，https://baijiahao.baidu.com/s?id=1739374503846327487&wfr=spider&for=pc。

了当时潮汕海上交通运输和对外贸易的发展，也成就了20世纪30年代汕头商业贸易和汕头港的繁荣。这些爱国爱乡的潮籍商人凭借自身的努力，打破了外国人操纵潮汕海上航运的局面，在激烈的竞争中推动了民族海运事业的发展。

新中国成立后，为了推动经济建设，加强内外贸易，政府采取了一系列政策措施，促进了航运业的发展。20世纪70年代，随着对外开放政策的推行，我国对外贸易规模不断扩大，特别是在设立汕头经济特区后，汕头航运业得到了更多投入、取得了更大发展，汕头港成为广东省内外贸易的重要通道之一，不仅服务地方经济，而且辐射到广东和周边地区。进入21世纪初，我国经济继续保持高速增长，对外贸易规模显著扩大，汕头市政府投入了大量的资金和资源，扩建了港口设施，提高了服务质量，港口的吞吐能力大幅提升，汕头的航运业也随之跃升。各船运企业纷纷扩大业务范围，加强与国内外大型物流企业合作，汕头港逐步发展成为华南地区重要的航运中心之一。

目前，汕头港外贸集装箱航线已经发展到26条，其中包括21条直航航线和5条外贸驳船（近海内河小型分货船只）航线，具体航线包括远东（俄罗斯）线、远东（海参崴）线、东南亚（印尼）线、东北亚—东南亚（菲律宾）线、东南亚（泰越）线、东南亚（新马）线、东南亚（缅甸）线、东南亚（越南）线、韩国线、台湾线、香港驳船线、厦门深圳内支线等。其中有15条直航航线对接RECP（《区域全面经济伙伴关系协定》）成员国，约占直航航线的71%，占航线总量的近六成，无不彰显汕头的侨乡特色。

战天斗海港口新生

樟林港一度舟楫如云、帆樯蔽日，最终却因航道淤堵而被弃用，徒留下今天樟林古港的历史遗迹。而历史有时候就是那么顽皮，到了20世纪80年代，汕头港也和当年的樟林港一样遇到了泥沙淤堵的问题，若不及时进行治理，汕头港很快将会变成下一个樟林古港。由于汕头港外拦门沙的长年淤阻，1984年汕头港的水深仅存4.3米，不但万吨轮船不能进港，就连5000吨的轮船也要趁涨潮才能进港。港口淤堵造成吞吐能力低，港内货物严重积压，很多货物要从广州黄埔港和厦门过驳，货主们怨声载道。

面对群众的怨言、面对成堆的货物、面对淤堵的港口，当时的市领导班子一致达成共识，即"建设汕头深水港，才能救活汕头市"。为此，市里委托时任副市长的彭启安挂帅工作组全权负责汕头港整治和建设工作。为了争取获得中央对工程项目的政策支持，工作组向国家计委表态说汕头人民可以自己筹集工程项目的建设费用。经过一次又一次的进京拜访和细致耐心的汇报请示，功夫不负有心人，汕头港项目工程终于得到了国家的批准，还获得了国家交通投资公司的部分资金支持。

对于汕头深水港建设来说，中央的资金支持远远不够，如何解决港口建设的资金缺口问题，工作组向市委、市政府提出一个大胆的建议向本市每一吨货物收取5元的过港费、一度电加收1分钱用于援建港口建设，号召全市人民尤其是货主单位作贡献。彭启安代表工作组在向市委、市政府汇报时说，"如此土政策，取之于民，用之于民，只要它促使深水港建设成功，撤我的职，我都愿意。"最后，在市委、市政府的支持下，市里专门出台相关规定，终于解决了缺口资金的问题。

从1984年开始，工作组用了整整5年的时间做好调查和设计的前期工作，在水利部、交通部、南京水利科学研究院的帮助下，集中了全国治港专家的智慧，拿出了第一期建设汕头港外导流防沙堤大工程可行方案。随后，坚持阳光透明操作，公开通告招标。1989年2月，在7个工程公司竞标中，交通部第三航运局第六工程公司以1188.15万元中标，5月11日签订施工承包合同。从1990年4月起，这支特别能艰苦奋斗的施工队伍，唱响了战天斗海的奋斗曲。工程团队克服每年只有4月至9月间才能施工、年可作业时间仅98天的限制，

5 / 畅通"血脉" 强健"经络"

拦沙导流堤成为汕头东海岸新城一道亮丽而独特的风景（方淦明 摄）

以及施工现场易受海浪、台风、暴雨、外海涌浪影响等重重困难，至1994年11月，终于在汕头港外妈屿北水道新津溪口西侧建成长达7.95千米的防沙导流堤，这一防沙导流堤是当时我国最长的具有导流、防波、拦砂等多功能的外海工程。如今，在防沙导流堤的两侧，海水呈现不同的颜色，这一大堤现在更成为汕头东海岸新城一道亮丽的风景。

经过全市上下的共同努力和不懈奋战，汕头港外拦门沙终于得到整治，为深水港的建设创造了前提条件，自此汕头港外拦门沙不再淤阻。至1995年，2万吨级的货轮终于不用依靠涨潮就能自由畅通进入汕头港。1996年6月14日交通部公告，汕头港外航道水深——9.5米。1997年12月12日，交通部向南京水科院授予"汕头港外拦门沙整治泥沙研究成果"二等奖。

汕头市党政领导不满足汕头深水港一期工程，登高望远，又把眼光投向新的深水港广澳的建设。广澳港水深有无风三尺浪的现象，给施工造成很大困难。但彭启安作为工程的具体指挥者，无所畏惧，迎难而上，建成了广澳港的大防波堤和2万吨级位泊位的首期工程，让有着400多年历史的停泊处焕发无限生机。这是以彭启安为代表的一大批交通人，在汕头市委、市政府领导下，守正创新、不畏艰苦、奋发图强，以港兴市的硕果，更是汕头交通人永远的精神丰碑。

瞰见 **特**别

玉带织经纬　飞虹平天堑

铁龙飞驰开先河

1904年（清光绪三十年），中国历史上第一条民营铁路——潮汕铁路（在现今的汕头市金平区乌桥岛）正式动工建设。铁路南起汕头，北迄潮安，主线与支线总长42.1千米，为标准轨蒸汽动力机车，由我国著名工程师詹天佑负责铁路的勘测设计，至1906年11月全线通车。

在那个风雨如晦的年代，修建铁路并非易事。铁路建设的发起者张煜南和张鸿南兄弟是19世纪末20世纪初印度尼西亚著名的华人实业家和华侨领袖。当时中国正处于"收回利权"和"实业救国"的思潮之下，1903年，兄弟两人呈请修筑汕头的铁路，并说："方今回家举行新政，首先铁路为大宗。"同年12月，潮汕铁路公司正式成立，集股200万银圆，总投资达到300万元。潮汕铁路的建设，体现出以张煜南和张鸿南兄弟为代表的侨胞们爱国爱乡爱家的真挚情怀和敢为天下先的实业兴邦精神。

潮汕铁路的建成，大大改变了粤东地区的交通格局，使汕头不仅成为当时粤东地区的交通枢纽，更成为赣南闽西一带的重要交通节点。建成之后的潮汕铁路，以其独特的地理位置获得了非常可观的营业额，平均每天的货运量能够达到100吨以上，收入几乎可以和日本东海道的铁路相媲美，成为控制"福建西南及粤省岭东要冲，为出入口货物必经"的交通动脉，对潮汕地区经济的繁荣起到了重要作用。

1939年6月，日军向汕头进发，潮汕战役爆发。为了防止为日本人所用，潮汕铁路被下令炸毁。战役结束后，日本人将潮汕铁路的铁轨运回日本制造武器，而潮汕铁路也在这场战役之后结束了长达33年的火车运输历史。从此，潮汕铁路不复存在，原先的路基如今已成为潮汕路的一部分。

1995年，随着广梅汕铁路建成通车，汕头结束了56年没有铁路的局面。广梅汕铁路西端对接广州铁路枢纽和常平铁路枢纽，衔接京广铁路、广茂铁路、广九铁路和京九铁路，东段对接赣深铁路、梅坎铁路和厦深铁路，形成横贯广东省东、西部地区的运输大动脉，既可与内地铁路沟通，又可直达黄埔、湛江、惠州深水港及深圳口岸，是我国东南沿海地区外畅内联发展经济的重要运输通道。

党的十八大以来，汕头铁路建设逐渐步入快车道。2013年12月，厦深铁路全线通车运营，使汕头市东走厦漳泉、西行珠三角"2小时时空圈"成为现实。2018年8月，广梅汕铁路龙湖至汕头段增建二线汕头北站开通；同年11月，广梅汕铁路增建二线及厦深铁路联络线开通试运营，汕头正式进入高铁时代。2019年，汕头至汕尾铁路汕头段开工建设，设计时速350千米，建成后将极大地缩短汕头与广州、深圳的时空距离。自此，汕头形成了"两横一纵"普高兼备、客货兼顾的铁路发展格局。

长桥卧波起欢腾

2015年元旦，伴随着新年的第一缕阳光，南澳大桥迎来建成通车的日子，南澳人民陆海相通的百年夙愿终于实现。数千岛民、大桥建设者以及社会各界人士欢聚在长山尾，共同见证大桥通车这一激动人心的重要时刻。"时至今日，我每一次开车从南澳大桥经过，心情都十分激动。"时任南澳大桥建设总公司副总经理、南澳大桥管理中心主任的袁永平感慨地说。2009 年，他从南澳教育系统被抽调到南澳大桥建设总公司，成为建桥的一分子。从那时起，他便与南澳大桥凝结在一起。如今，提及大桥，提及建桥人，提及建桥历程，袁永平的感慨之情仍溢于言表。

南澳是小县建大桥，资金紧张，技术空白。当时南澳县财政收入仅 2000 多万元，县里仅有一名二级桥梁工程师，专业技术人才极度匮乏，加之海上桥区建设环境十分恶劣，要建设一条投资近 20 亿元的跨海大桥，谈何容易！为了推进大桥的建设，南澳县抽调精干工作人员负责大桥建设的工作协调、日常管理。尽管每个人都是建桥的"门外汉"，但作为土生土长的海岛人，大家对陆岛交通"瓶颈"问题给岛上军民带来的极大不便和对全岛社会经济发展的严重制约深有体会，更明白"牵莱芜接山尾"是海岛人民百年的梦想，义无反顾地承担起这份沉甸甸的责任。

在汕头市委、市政府和南澳县委、县政府的艰苦努力下，南澳大桥项目于 2005 年完成各项专业性评估和立项申报工作。2006 年 1 月，广东省发展改革委批准南澳大桥立项，同年 11 月完成招标工作。2009 年 1 月，省交通厅出具了南澳大桥项目施工许可审批意见，同意项目开工。2009 年 1 月 20 日，南澳大桥正式开工建设。2014 年 7 月 26 日，全长 11.08 千米的南澳大桥顺利合龙并完成主体工程建设任务。同年 12 月 13 日，主体工程通过交工验收，历经约 6 年的建设，几代人翘首以盼的南澳大桥终于迎来了造福岛民的时刻。

南澳大桥建设期间，省、市、县参与、参建的单位多达 138 个，建设施工人员更是数以千计。南澳大桥成为南澳有史以来建设规模最宏大、作业条件最艰苦、时间跨度最漫长的历史性工程。历经多方合力，坚韧不拔，众志成城，终于制服了波涛汹涌的大海，创造了中国建筑海桥史上的一个奇迹。

随着制约南澳经济社会发展的交通问题的迎刃而解，海岛进入加快发展的快车道。2015年元旦大桥建成通车后，当年进岛游客猛增到456万人次，旅游综合收入12.2亿元，分别比增383.6%和187.1%。此后，南澳旅游业持续保持蓬勃发展，进岛游客、旅游综合收入连年保持两位数增长，2023年进岛游客近900万人次，旅游综合收入近30亿元，相比于2015年翻了一番。

穿海凿隧通南北

汕头自成为经济特区以来，一直都存在南北两岸发展不平衡的问题，南岸广大地区相比于内海湾北岸发展较慢。汕头虽然先后建设了海湾大桥和礐石大桥，结束了百年来人们依靠轮渡过海的历史，但南北两岸交通仍不方便，由于缺乏跨海交通要道，南北两岸人财物流动慢，极大影响了经济社会的发展，汕头南北两岸急需建设第三条跨海通道。这一次，汕头选择了建设跨海隧道。

2008年5月，广东省交通厅组织了50名专家对汕头海湾隧道工程项目进行了第一次可行性研究，到2015年2月汕头海湾隧道正式启动建设，整个前期工作历经了7个年头，至2022年9月28日上午10时起开通运行，整个建设过程又足足花费了7年半的时间。花费时间之长，足可见建设这一工程的巨大难度。因为汕头海湾隧道是国内第一条地处8度地震烈度区的大直径盾构海底隧道，也是目前国内首条采用超大直径盾构穿越复杂地层、综合难度最大的大直径盾构法海底隧道之一，被称为"世界级超级工程"。

汕头海湾隧道通车后，内海湾南北两岸实现全天候畅快通行，时间由此前的40分钟缩短到10分钟以内，南岸城区的人流、物流、资金流、信息流更加通畅，有利于形成"一湾两岸"城市发展格局，助推汕头经济高质量发展和沿海经济带发展。作为汕头第一个过海隧道，它串起来的不仅是海内外潮人全天候海底穿行南北两岸的百年梦想，更承载了无数专家、参建人员的心血和付出。

汕头海湾隧道建设的故事，是一部充满科技含量的故事。

汕头海湾隧道作为国内首座最大直径泥水盾构过海公路隧道，具有"大、高、硬、浅、险"五大施工技术难点。汕头依靠技术创新和管理创新解决了孤石群地层掘进、高黏度软土地层掘进、长距离浅覆土高水压掘进、海中高强度基岩凸起、淤泥地层带压进仓等工程重难点问题。其中，"大"是指采用的泥水盾构机直径达 15.03 米，属于超大直径；"高"是指海湾隧道处于高地震烈度区，达到 8 度；"硬"是指岸上段孤石和海中基岩段，岩石的硬度高；"浅"是指盾构机上方覆盖层厚度薄，没有达到通常要求的盾构机直径 1 倍以上；"险"是指海湾隧道地质复杂、施工难度大、安全风险高，尤其是海湾隧道处于软硬不均地层，有三段长达 182 米基岩突出段。随着 2018 年汕头海湾隧道院士工作室正式揭牌成立，这项"世界级挑战性工程"迎来了属于它的智囊团。一路走来，院士团队通过开展技术咨询，推动技术创新，引领着海底超大盾构施工技术。2019 年，围绕高地震烈度跨海大直径盾构隧道修建技术，项目建立了钱七虎、孙钧等院士专家团队，设立了周福霖、王复明、陈湘生等院士工作室，成立了盾构与掘进技术国家重点实验室现场实验室，开展攻关咨询，给项目创新团队进行技术指导。

海湾隧道是一个里程碑式的工程，尤其是盾构机成功穿越了未经处理的高强度基岩段和孤石区。随着汕头海湾隧道工程的成功实施，其在超大直径泥水盾构刀盘刀具系统适应性设计技术、水下隧道极软极硬复合地层超大直径盾构掘进时的参数控制技术，以及超大直径泥水盾构开挖面稳定及姿态控制技术方面所取得的成果，提升了我国在极端工况条件下的超大直径盾构装备设计研发和应用能力，增强了国产超大直径盾构装备的性能和市场竞争力，带动了盾构装备研发、设计、制造、应用等环节的持续发展，打破了国外大型盾构长期垄断的局面。

2021 年底前，我国国内 61 项 14 米以上超大直径盾构隧道中，国产盾构占

25项，占比为41%。2008年前，我国项目大直径盾构主要依赖于进口，2015年后国产大直径盾构市场占有率大幅度提高。近几年，国内中铁装备、中国铁建重工、中交天和、上海隧道机械厂等综合占有率达85%以上。汕头海湾隧道泥水盾构（常压刀盘）就是由我国中铁工程装备集团有限公司自主研发制造的首台超大直径15米级盾构刀盘，相当于5层楼高。汕头海湾隧道西线盾构采用的就是首台具有自主知识产权的国产超大直径泥水盾构机。该盾构机集合了超高承压能力系统集成设计、常压换刀技术、伸缩摆动式主驱动技术、双气路压力控制技术、智能化程度高五大创新点，对周边环境影响小、工厂化作业程度高、地面沉降控制精度高、安全高效，在我国一系列的穿江越海隧道施工中有着独特优势，堪称地下工程高端装备的"大国重器"。

瞰见 **特**别

大道行开阔　长路写辉煌

穿山越水筑通途

从半空中俯瞰潮汕环线高速公路，道路绵长，平坦如砥，如同盘旋蜿蜒的丝带，串起了潮汕大地四通八达的高速交通路网。

从"隆都"出口下高速，沿潮汕环线澄海连接线可前往澄海隆都、溪南、莲华等镇，双向六车道的路面十分宽阔，路平、灯明、景美，便捷通达。在另一头的"莲塘"出口，汕头市粤东江南国际农产品交易中心便位于附近，清晨从田间地头摘下来的新鲜蔬果、船只回港卸下来的鲜活海产品，"踏上"潮汕环线、汕湛等高速公路，中午时分就可以被送到大湾区居民的餐桌上。

党的十八大以来，汕头交通翻开了新一轮跨越发展的宏伟篇章。汕头高速公路建设一路快马加鞭、高歌猛进，相继建成了甬莞（潮惠）、揭惠、汕湛、潮汕环线4条高速公路。甬莞高速汕头段途经潮阳关埠、金灶两镇24个村居，是继深汕高速之后通往珠三角地区的第二条快速通道。揭惠高速公路是纵贯汕头、揭阳两市南北向的重要快捷通道，并与沈海、汕昆、潮惠高速公路形成汕头第一条高速公路外环线。2020年底，汕湛高速汕头至普宁段全线通车，成为汕头通往粤港澳大湾区最便捷的高速公路，同期通车的潮汕环线高速把汕头境内其他高速公路全部串联起来，实现了粤东高速公路网的交通自由转换功能。

"十三五"期间,汕头高速公路通车里程增加151千米,总里程达到227千米,比2016年底增长146%,环环相扣的高速公路网已基本形成,与揭阳、潮州形成"一小时交通圈"。与此同时,汕头强化外联内畅,全面加快改造提升国省道,共完成新改建和路面改造里程约414千米。目前,汕头海湾隧道、汕北大道已建成通车,牛田洋快速通道、金砂西路西延、汕南大道等项目节节推进,构建起层次分明、运转高效的干线公路网。

如今,汕头交通运输已从单一交通方式发展转变为交通供给侧融合发展,并将交通基础设施建设统筹为"对外对内"模式——对外坚持"承湾启西、北联腹地、南接海丝"的发展思路,对内已基本形成"贯穿沿海、辐射内陆、串联港区、衔接组团"的总体布局。其中,"两环八射多联"快速路网和"三环一线"粤东城际铁路网,正是对内交通的重要组成部分。

近年来,为着力解决城乡区域交通运输发展不平衡、不充分问题,实现各镇域15分钟上高速目标,汕头谋划构建了"两环八射多联"快速路网,依托中心城区内外快速环线,通往市域各区县以及揭阳、潮州的八条射线,将全市现有的30个高速公路出入口和谋划的11个高速出入口及高铁站、重要港区串联起来,实现高快一张网,以通畅便捷的交通脉络支撑县域经济发展。

汕潮揭地缘相近、人缘相亲,三市中心城区相距仅约30千米,区域内常住人口1700多万人,经济、生活联系密切。建设高效、快捷、节能、环保的现代化铁路运输服务体系,有助于加快高端要素向区域经济、文化、交通中心集聚。构建以城际轨道为骨架、快速连接三市中心城区与交通主动脉的城际公共交通服务网络,既是三市城镇化发展的必然趋势,也是经济社会发展的内生需求,对增强粤东地区整体竞争力具有重要意义。在省、市两级政府的积极努力下,2018年国家发展改革委批复了粤东地区城际铁路网规划。2020年,在广东省委、省政府的大力支持下,启动了"三环一线"粤东城际铁路网建设,线路串联汕潮揭三市中心城区和高铁站、机场等重要交通枢纽,并将区域内主要经济据点、

瞭见 **特** 别

人口密集区和交通枢纽"串珠成链",开行环线车、城市中心点对点等多种列车交路,打造"轨道上的汕潮揭都市圈"。

筑基架桥贯九州

2023 年 12 月 26 日上午,汕头南高铁站内 2 号站台旁边停着一列复兴号动车组,旅客们欢欣雀跃地陆续登上火车。9 点整,火车缓缓启动,标志着汕汕铁路汕尾至汕头南段正式开通运营。这段铁路开通之后,汕头南站至汕尾、广州东、深圳北站间最快分别只需 36 分钟、113 分钟、109 分钟可达,意味着汕头正式融入粤港澳大湾区"一小时交通圈"!同时,汕汕铁路作为沿海高速铁路网的组成部分,将与杭温和杭台铁路、温福和福厦客专一起,在珠三角、海西、长三角间构筑起一条大能力客运通道,填补了沿海通道纵向 1000 多千米范围内无高速铁路布局的空白。

汕汕铁路的引入,也推动汕头加快打造以汕头高铁站为核心的客运枢纽格局。2020 年,汕头高铁站枢纽一体化工程项目正式启动。汕头高铁站枢纽主要包含高铁站与东、西广场。其中,西广场 2018 年底已建成投入使用,东广场将结合汕汕铁路汕头站工程同步实施。枢纽交通集散整体上按照"北进北出、南进南出"进行设计,实现接送客的快进快出。同时,通过高架匝道系统,实现周边片区城市交通与枢纽集散交通的有效分离。这一枢纽站建成后将是粤东地区规模最大、交通接驳功能最齐全的铁路综合客运枢纽站。

汕汕高铁的开通,也极大加强了汕尾、汕潮揭地区与广深、福厦等地的联系,有利于完善粤东地区经济布局,对促进地区高质量发展、方便群众出行、优化营商环境、推动产业发展、助力乡村振兴具有十分重要的意义。

城市的快速发展,需要交通基础设施给予有力支撑。汕头坚持交通先行,全力打造全国性综合交通枢纽,以交通拉开城市大框架。具体来说,是以"两高两港"为主干框架，积极推动形成以汕头为区域中心、连接大湾区、通达国内外的放射型综合立体交通网络。

在铁路方面，谋划构建了"3+2+2"对外高铁通道，通过厦深铁路、广汕漳铁路、梅汕铁路，以及规划的汕头经河源至韶关铁路，衔接既有路网，往西可达大湾区、粤西和西南地区，往北通达华中、华北地区，往东可达闽浙沿海城市和华东地区。

在高速公路方面，目前已建成沈海高速、甬莞高速、汕湛高速、汕昆高速，通过规划的汕饶高速、汕汕高速、南澳第二通道，衔接周边路网，谋划构建了可西行、北上、东拓的"5+3+3"高速公路通道。高速公路通道的建设不断加强闽粤两省间及珠三角与海西、长三角地区间的联系，增进沿海通道城市间人员、信息和商贸的交流，促进沿线城市经济发展和港口建设，对海上丝绸之路建设有着重要支撑作用。

2022年1月，广东省重点建设项目广梅汕铁路汕头站至汕头广澳港区铁路（以下简称广澳港区疏港铁路）正式开工建设，这是继高铁进城、粤东城际铁路实施后汕头交通基础设施建设又一次大跨步的前进。广澳港区疏港铁路项目于20世纪九十年代开始方案研究，历经多轮论证、规划调整，于2016年通过预可研审查。此后，经多方努力协调，前期工作加快推进，并完成了立项、初步设计、施工图设计，进入全面开工阶段。疏港铁路延伸到港口码头前沿，打通海铁联运的"最后一公里"，有效整合港区铁路、港口、航运等资源，建立多方联动机制，利用铁路既有线路资源和站场能力，集中配送物资，实现货物快速运输，从而实现区域物资要素高效集疏、物流降本增效和区域营商环境的优化。项目建成之后，广澳港区可实现海铁联运，构建"三纵"对外货运铁路通道：通过广梅汕铁路、京九铁路可通达龙川、赣州、南昌、武汉等地，接吉衡铁路可达衡阳、永州、怀化等地；通过广梅汕、瑞梅、赣龙、建冠、鹰建铁路，可通达瑞金、建宁、鹰潭、景德镇等地；通过广梅汕、梅坎、南三平铁路，可通达龙岩、延平等地,进一步打通汕头港广澳港区纵深腹地。这将极大提升汕头广澳港区的腹地资源和货物聚集能力,以及提高运输效率和降低物流成本,大幅提升广澳港区的核心竞争力。

纵横交通兴百业

2019年春节前夕,200辆印有"曹操出行"的白色出租车现身汕头中心城区街头,司机师傅手带白色手套,身着统一制服,微笑迎客,为广大市民提供便捷的出行服务。这一年,汕头在全国率先启动"巡游+网约"融合的出租车运营模式,极大地提升市民的出行体验,并在探索行业发展方面取得了丰富经验。

近年来,网约车市场发展迅速,已成为市民出行的主流工具,但存在安全生产主体责任落实不到位、应急管理基础薄弱、非法营运等突出公共安全隐患。与此同时,在网约车的无序竞争下,汕头出租车行业一度遭遇发展瓶颈。一方面,出租车市场份额大幅萎缩;另一方面,市民"打的难"的问题却日益突出。为推进出租车行业深化改革,2018年,汕头市以"加强出租车行业管理"为主题部署开展专题调研,并最终制定了《汕头市出租汽车行业深化改革工作方案》,明确出租车规范发展的思路:以出租车深化改革方案为指引,以文明服务拓展行动为基础,严格执行出租车客运条例,打造全国首创的"巡游+网约""公车公营"服务模式和品牌,引入知名合规平台发展网约车,并提高网约平台自营比例,提升出租车行业服务水平。这种运营模式坚持开放包容超前的理念,以市场化改革为手段,以巡游车和网约车融合发展为方向,引入融合巡游车和网约车服务、合法规范的市场竞争主体,推动出租车行业融合、健康、可持续发展,满足人民群众出行需求,为出租车行业改革探索创造符合新时代要求、领先全国的汕头经验。

2018年12月12日,汕头市交通集团公司与杭州优行公司合作成立汕头优行公司。2019年2月1日，汕头优行公司正式投入运营，采取"巡游＋网约"、"公车公营"模式投放新能源纯电动出租车。这种全新模式运营的出租车全部由企业统一采购，并取得道路运输许可证。车内装有 GPS、正规计价器，可提供打表计费，车顶配有出租车顶灯，向乘客提供传统巡游车的"扬招乘车"服务，并且依托"曹操专车"手机 App 软件提供网络约车服务。得益于"公车公营"的运营模式与统一的服务标准，"曹操出行"出租车多次为大型会议提供出行保障，并在高考、春运期间为汕头市民提供公益接送服务，在新冠疫情期间，还成立疫情保障车队，为汕头援鄂医务人员家属提供免费出行保障，真正实现了经济效益与社会效益并重。此举在当时引起了国内出租车行业及各地主管部门的广泛关注，并得到了上级交通运输部门的高度认可，先后有多个一线城市相关人员前来汕头调研。

交通兴，产业旺。汕头拥有厚实的产业家底，纺织服装、玩具创意产业集群不断壮大，数字经济新基建步伐稳健，近年来陆续上榜外贸、先进制造业百强城市名单。交通枢纽功能的持续跃升，正推动汕头打造新时代的产业枢纽。交通网络日益通达，为汕头汇聚更多的行业产业资源和高端人才，推动产业集群持续强链、延链、补链，带动产业结构转型升级；同时，立体交通网络带来的辐射带动作用，将加快汕潮揭都市圈区域协同发展，推动汕头更好地承接珠三角产业有序转移和深汕对口帮扶协作，高水平建设产业转移主平台，让"有形之路"打通产业竞合的"无形之路"。

当下，"百县千镇万村高质量发展工程"战鼓擂响，汕头坚定不移走"工业立市，产业强市"之路，以新能源、新材料、新一代电子信息、纺织服装、玩具创意、大健康为主导的"三新两特一大"产业格局初见雏形；汕头坚持以贸促工、以工兴贸、工商并举，文旅经济、会展经济等新兴产业方兴未艾。交通路网的升级完善，将凝聚产业枢纽的动能引擎作用，持续提升汕头经济高质量发展的活力，让汕头这张产业发展蓝图逐步变为"实景图"。

瞰见 **特**别

小公园开埠区成为知名文旅地标，潮汕特色美食席卷全国，"听一场海边的演唱会"成为市民游客心头好，英歌舞、潮剧等璀璨非遗"火出圈"，"挑战24小时吃遍汕头""汕头老城区Citywalk"等新式旅游体验在社交媒体上盛行……近些年，汕头"文旅热"只增不减，文旅产业呈蓬勃发展之势。如今，呼啸而来的高铁列车，为这座网红文旅城市再添"流量"入口。尤其汕汕高铁开通之后，将为省内外游客提供更丰富、更舒心的旅游体验，通过对汕头的景点"串珠成链"，推动汕头文旅从"旺季游"向"四季游"发展。

"我第一次来汕头是1983年，从香港坐船，坐了一个晚上，12个小时。这次我们从香港坐高铁过来，不到3个小时就到了，很舒服，很方便。"在以前，在外的游子们回一趟家，免不了要经历舟车劳顿、长途跋涉。汕汕铁路的通车，让回家的路更近了，也让潮籍乡亲与潮汕故土的联结更紧密了。正如祖籍潮汕的新加坡前外长杨荣文在回汕头探亲时所感慨的，现在交通越来越方便，汕汕高铁通车，将推动汕头打造聚侨联侨的侨乡枢纽，更好地凝聚侨乡向心力。

交通精神薪火传

2021年5月，一部名为《暴风》的电影在汕头小公园正式开机，这部电影以土地革命战争时期汕头红色交通站真实历史为背景，讲述隐秘战线党组织与敌人斗智斗勇，用鲜血和生命换取胜利的故事，着力展现了中国共产党人大无畏的革命精神和英雄气概。

镜头回到1930年10月，中共中央决定打通上海党中央与中央苏区之间的秘密联络通道，周恩来同志亲自主持、亲自部署，他决定利用汕头革命基础好、人民觉悟高、水陆交通便捷、华洋杂处、经济繁荣，便于物资采购、运送以及过往同志乔装打扮等优势，把汕头作为秘密交通线的重要节点，由中央交通局建立一条由上海出发，经香港—汕头—大埔—永定，最后进入中央苏区的交通线。据不完全统计,从 1931 年 4 月至 1934 年 10 月红军长征前夕,经这条交通线安全进入中央苏区的有周恩来、刘少奇、董必武、邓小平、杨尚昆、叶剑英、刘伯承、项英、任弼时、何叔衡、陈云、萧劲光、李富春、李克农、张爱萍、林伯渠等 200 多位在中国革命中彪炳史册的党政军领导干部,这条线路还输送食盐、布匹、药物以及电讯、印刷、军械器材等物资近 300 吨,秘密传送了大量的重要文件、情报,为实现党中央从上海到中央苏区的战略转移作出了卓越的贡献。

从上海党中央通往中央苏区的这条秘密交通线,虽然没有战火纷飞、硝烟弥漫,却谍影重重、杀机四伏,充满惊险与恐怖。战斗在交通线上的交通员面对随时可能发生的殊死搏斗与牺牲,以披肝沥胆的绝对忠诚、以大义凛然的英雄气概,出色完成党中央交托的绝密任务,自始至终未发生一次意外。他们用鲜血和生命构筑了一条摧不垮、打不掉的"红色交通线",谱写了中国革命史上一曲气壮山河的英雄赞歌。

在战争年代,革命先烈们为赢得民族解放和国家独立,用青春和热血誓死捍卫着交通战线。在和平年代,一代又一代交通人赓续红色血脉,继续用汗水与智慧描绘着汕头交通的壮丽画卷。在新时代,公路成网、铁路密布,高铁飞驰、巨轮远航,飞机翱翔、邮路畅通。汕头交通人守正创新,让一道道奔涌的交通动脉,为城市经济社会发展注入了澎湃动能。

向远方,才能向未来。在中国式现代化建设的新征程上,汕头交通事业继往开来,紧紧围绕交通强国、交通强省建设的使命任务,努力打造高水平全国性综合交通枢纽,不断推进公路、铁路、港口交通基础设施建设,加快打造"外联内畅,外集内配"的现代化综合交通运输体系,为汕头坚定不移走好"工业立市,产业强市"之路奋力当好开路先锋。

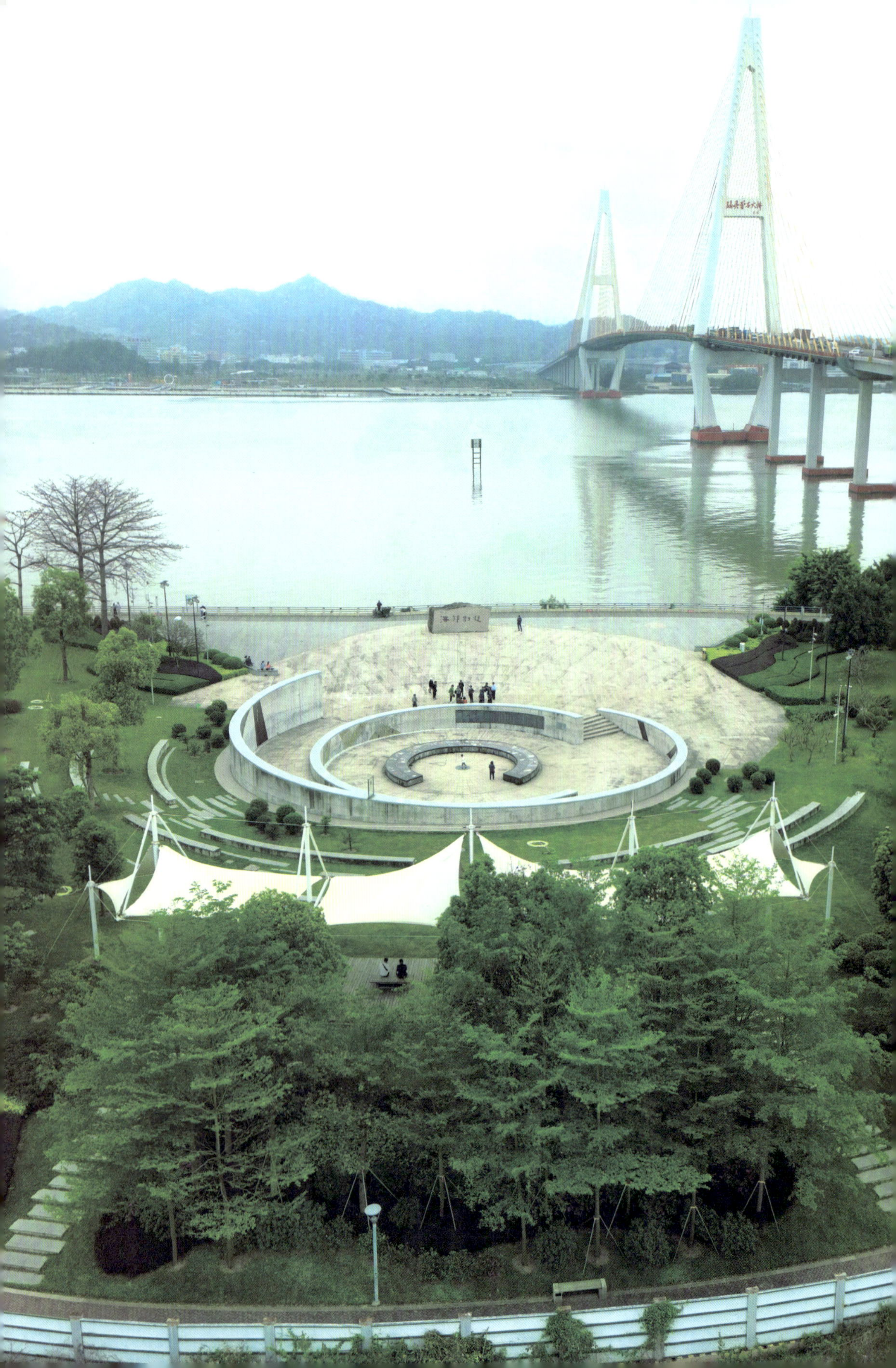

6

精耕善治
幸福鮀城

　　小小驿站是给户外工作者歇歇脚的贴心,高温下志愿服务不辞辛劳的爱心,邻里小纠纷在"一壶茶"中消解的暖心……一幅幅画面生动诠释着"看得见的平安,摸得着的幸福"的城市温度,这是汕头这座海滨城市在中国式现代化新征程中,将新型社会治理的发展蓝图从"大写意"一笔一笔勾勒而成的"工笔画"。

　　时针拨回二十年前,人们可能还因惧怕"飞车党"不敢独自夜行,还因有困难无处诉而选择"会哭的孩子有奶吃",还因更相信"熟人社会"而对"法治社会"缺乏信心……然而,回到当下,这些场景已然成为历史,再难重现了。因为,党的十八大以来,特别是2020年10月13日习近平总书记亲自为汕头发展把脉定向以来,汕头坚定不移沿着习近平总书记指引的方向,把"健全自治、法治、德治相结合的城乡基层治理体系"作为实现城市善治的制胜法宝,以"摸着石头过河"的勇气和"杀出一条血路"的气魄,开辟了一条具有时代特征、汕头特色的"汕治"之路。2023年9月19日,中央政法委放榜公布首批"全国市域社会治理现代化试点合格城市"名单,汕头荣登榜单,再添一"国字号"荣誉。这既是汕头近年来在创新实践中"精耕细作"社会治理、用"绣花功夫"推动市域善治的最好见证,也成为汕头推进社会治理现代化进程中的一个"重要刻度"。

瞰见 **特** 别

众"治"成城:海纳百川的邹鲁文化

党的十八届三中全会正式提出了社会治理的命题,标志着我国社会管理活动正式从社会管理走向社会治理。社会管理表现为政府自上而下、包揽一切社会事务进行的命令和控制,而社会治理更多强调的是社会组织、个体等多元行为主体的参与,实现社会问题的协商、解决和管理。这种社会治理模式实际上与汕头在历史沿革中形成的自我治理模式异曲同工、殊途同归。汕头向海而生、因港而立,海纳百川、兼容并蓄是它与生俱来的城市基因,深深烙印于这座城市的历史与发展之中。一壶工夫茶可以博采众长,一声"家己人"可以凝心聚力,而一通电话就能汇聚众智众力达成纾难解困的目的。

集众智:一壶工夫茶

工夫茶是潮汕地区共同的文化符号,在汕头更是别具一格,因为它同时蕴含着"和"文化与"合"文化。在汕头,"听民意—容成事""有事好商量""党群夜话"等一个个平台已成为人们茶余饭后共商共治的"根据地",工夫茶在这些平台里既是配角又是主角,定分止争之良策、长治久安之大计往往在一壶工夫茶的待客之道中碰撞产生。

"'十八枞榕'是我们村里妇幼老小约定俗成的调解点。村民茶余饭后就来这里唠家常,大家有什么解不开的邻里闹心事就来这里唠唠,树下议事既减少了民怨,又谈拢了人心。"这是汕头市澄海区隆都镇前美村村民对"十八枞榕"最朴实的评价。"十八枞榕"的故事可以追溯到清乾隆年间,前美村竹宅片区陈姓"忠"字辈兄弟十八人,遵循"前榕后竹"的习俗,在溪边每人栽种一棵榕树,榕树长成大树为村庄抵御大风吹袭,常年守护村庄安全。如今,这里不仅是村里一处景观,衍生自"十八枞榕十八兄弟"故事的"听民意—容成事"(榕树潮汕话与"成"树谐音)基层调解品牌[①],更成为汕头将"和"文化融入工夫茶,并有效运用到"枫桥经验"传承实践的一个典型代表。在这十八棵百年古榕树下,人人都是调解员、事事都是村内事,村里老党员、老教师、老村干部、老政法干警、老退役军人等"五老"人员组成"党群联动志愿服务队",发挥人熟、地熟和情况熟的优势参与矛盾纠纷调解。前美村根据实际需要邀请法官、检察官、警官、司法调解员等到场,摆上一张圆桌、泡上一壶清茶,在斟茶敬茶中把话说开、把道理讲透,既提供专业法律咨询又动情说理,以几杯香气四溢的热茶、数句温暖贴心的劝解,让一桩桩原本剑拔弩张的矛盾纠纷得以圆满化解,实现"一杯热茶泯恩仇"。

"那时候还年轻,不曾想到,在小区一住就是20多年,习惯了现在的生活环境。可是,每一次上下楼却是一种折磨。"这是当下住在老房子高楼老年人生活的真实写照!如何让"悬空老人"脚踏实地?[②]解决此类关乎群众切身利益的"小烦恼",却总需要有大智慧。所谓"众口难调"即是如此,要在尊重每个个体意愿前提下寻找到符合集体利益的"最优解",就必须让大家都置身其中、贡献智慧。汕头在社会治理实践中积极践行"有事好商量,众人的事情由众人

---

① 《平安幸福村居②|隆都镇前美村:古树连心听民意 丛榕相守谋善治》,澄海政法,https://mp.weixin.qq.com/s/hP-L0hH0-8AdfQ02RCfAyw。
② 《疏通"堵点"消除"痛点"——市政协系统"有事好商量"协商平台聚焦"既有住宅加装电梯"惠民生出实效》,https://mp.weixin.qq.com/s/vKX6R-Yt-Th9Ibnk_IR3Sg。

商量"理念,以工夫茶为媒介,将"合"文化融入其中,打造了"有事好商量"民生实事协商平台,围绕"既有住宅加装电梯""城市生活垃圾分类""医疗陪护行业管理""婴幼儿早期教育规范"等"小切口"问题,有针对性地邀请政协委员、文史专家、智库专家、部门负责人、基层干部和群众代表等参与,让群众真正回归"治理主体"本位,通过品茶论道、头脑风暴的形式最大限度地合众议、集众智,通过灵活运用"小组+界别""小组+党派""小组+专委会"等形式灵活运用,实现深度合作、优势互补的"乘法"效应,让一件件急难愁盼揪心事变成群众心中的一件件暖心事。

"引入融合巡游车和网约车服务、合法规范的市场竞争主体,推动出租车行业融合、健康、可持续发展""政府职能部门要研究出台扶持行业可持续发展的政策措施,对合法合规经营的优质企业给予帮扶""提升出租车司机岗位待遇综合水平,缓解出租车司机紧缺局面"……"有事好商量——加强出租车行业规范管理"协商现场,政协委员、相关职能部门领导、出租车司机代表、群众代表等你一言我一语,争相为"加强出租车行业规范管理"这一广大老百姓关心的热点问题建言献策,气氛热闹非凡。通过"有事好商量"平台民主协商和相关部门大力推动,目前,汕头出租车行业管理已日趋规范,行业发展焕发出新的活力,并于2019年2月1日率先推行"巡游+网约车"出租汽车经营新模式,有效破解传统巡游出租车服务差、经营难、规模萎缩等问题。天津、宁波、泰州、义乌、东莞、中山、韶关、梅州、茂名等省内外城市纷纷到汕头"取经",创新示范效应明显。

汇众力:一声"家己人"

在汕头、在国内,甚至在全世界每个有潮汕人的角落,"家己人"这三个字都代表着一种身份认同,成为潮汕人之间独特的"通关密语"。一句最简单的

"家己人"里蕴含着最浓厚的桑梓情怀，总能在不经意间击中人心最柔软的地方，汇聚起"众人拾柴"的磅礴之力。

每天清晨，身穿红色志愿者马甲、挥舞小红旗的"爱心护畅队"，在丹霞小学、外马三小、大华二小等校门口协助维持秩序、疏导人流车流；在小公园街区，身着黄色马甲的驿站志愿者配备好热茶热水、爱心药箱等，用心打造服务外来游客的"温馨港湾"；在练江流域，身披绿色马甲的"河小青"，正坐船巡河清理垃圾杂物、沿河岸消灭虫蚁，守护"治污典范"成果；在"汕马"现场，蓝色上衣、白色裤子的志愿者为参赛选手补充饮水、准备食物、提供医疗服务，全力保障赛事圆满成功……聚是一团火，散是满天星。行走在鮀城街头，穿着五彩马甲的志愿者穿梭忙碌的身影随处可见，每天都在上演着淳朴至真的"雷锋故事"。在近556万常住人口的汕头，除了有登记注册的超6000个志愿组织及团体、超110万名志愿者外，许多人都是"便衣"志愿者，随时随地准备转换角色上岗服务。正是这样有温度、有魅力的汕头，吸引了来自全国各地的青年志愿者跨越山川湖海，于2023年12月1日至3日齐聚一堂，参加第七届中国青年志愿服务项目大赛暨2023年志愿服务交流会这场志愿服务项目展示的"博览会"、组织交流的"嘉年华"[①]。是什么造就了这座志愿名城？答案是汕头人在历史长河中，共同抵御灾难、对抗生活逆境而逐渐形成的一种抱团共赢的精神。这种精神在一代代汕头人身上薪火相传、生生不息，而一句"家己人"就是这种精神的最简单化、最生活化体现，是一条把所有汕头人紧密联结在一起的纽带。

家，是心灵的港湾、人生的驿站，是酝酿爱与幸福的酒坊、盛满温馨和感动的酒杯。在汕头有一个"有点大"的家——"大华邻里家"，在这里不分汕头

---

① 《第七届中国青年志愿服务项目大赛暨2023年志愿服务交流会在汕头开幕》，https://baijiahao.baidu.com/s?id=1784193906590695720&wfr=spider&for=pc。

瞰见 特 别

"原住民"还是新汕头人,不分男女老少、行业界别,因为一句"家己人"就是家人,就可享受无差别的"共治红利"。这是金平区大华街道以党建为引领,以"家"为理念,创"+"服务,探索形成的多元共治新模式。大华街道把街道、社区两级综治中心作为"家"的主阵地,统合人大代表联络站、政协统战工作站、三八红旗工作室、新时代文明实践站(所)、社工站等平台构建起星罗棋布的"家"前哨点,汇聚教育、医疗、企业、乡贤等多方力量,按专业特长组建成48支3031人的"家力量",共同为建设更安全、更和谐、更温暖的"邻里家"而努力。例如,大华街道会链接辖区内市中心医院、市中医医院等医疗单位为特殊群体定期提供"外卖式"精准医疗服务,组织心理咨询师、精神科医生为单亲家庭、特殊家庭未成年子女、自闭症儿童等群体提供心理咨询和情绪疏导,实现"医有所依";会联合汕头大学举办科技、法律、交通安全、文明上网等知识讲座,邀请检察官、律师等法律专业团队进社区、进校园开展法治宣传,让所有人在"学海畅游";会大力弘扬"中国好人"陈振勇先生、"广东好人"蔡乐筠老人、"新时代好少年"黄源森同学等榜样精神,在"润物细无声"中推动构建讲信修睦、亲仁善邻的邻里关系。大华街道利用"邻里家"动员起一切可动员的力量,通过一件件民生实事为安居于此的"家己人"托起了"稳稳的幸福"。"大华邻里家"在汕头绝不是个例,广厦街道"广厦金厝边"、东方街道"凤亭下惠民一条街"、金霞街道"幸福加油站"……像这样凝聚"家己人"力量服务"家己人"的社会治理品牌比比皆是,这也成为近年来汕头这个"慢城市"的在外游子纷纷选择回归故里、五湖四海的青年才俊到这里扎根追梦的重要原因。

地处汕头经济特区发祥地、中心城区核心的金霞街道,有一个"藏身"在高楼大厦之中、"老且旧"的派出所——金园派出所,这是汕头经济特区的第一座派出所,见证着汕头经济社会发展进步的历程。这个小小的派出所虽然老旧,却一点也不简单,从1988年成立至今该所硕果丰盈,获评全国首批"枫桥式公安派出所",先后获得"全国公安系统先进基层单位""人民满意派出所"等全国性荣誉12项、"广东省文明单位""岭南示范公安派出所""全省优秀派出所"等省级荣誉37项、"汕头市文明单位"等市级荣誉70项,荣立集体一等功1次、二等功5次、三等功13次。这些高光时刻绝非一时一刻或是一人之力可以取得的,金园派出所自始至终传承"家己人"精神,以"家己人"精神服务每个市民,善用"家己人"精神凝聚群众力量,通过"警民一体"共同守一方平安。北有"朝阳群众",南有"碧霞群众"。"碧霞群众"就是金园派出所在"家己人"理念下动员建立起来的一支自愿自发自治的社区治安联防队伍,他们可能是巷口下棋的大爷,可能是街边卖肠粉的大妈,可能是商铺里喝茶的阿叔,可能是路上散步的阿姨……却都以一种"主人翁"的姿态参与社区平安共建共治的工作,成为维护社区治安的"街头暗哨",用他们细致入微的观察去捕捉可疑情况,与社区民警携手守护碧霞社区的平安。"社区民警+居委会+社会治安力量"联调与专门调解队伍的组合,是金园派出所这个群众矛盾纠纷"解铃人"的"撒手锏"。由社区民警、社区干部、企业、物业管理人员和热心群众组成的调解队伍"带着问题、带着目的、带着感情"下基层解决群众急难愁盼,面对专业性问题时则搬来专门调解队伍这个"救兵",请出律师、法官、司法人员、心理医生等专业人士"对症下药",于情理交融中打开心结,于润物无声中定分止争。①

解众难:一通电话

博爱之城孕育博爱之人,同舟共济、守望相助的精神力量流淌在每个汕头人的血液里,一方有难只需一通电话就能唤来八方支援,这是所有汕头人拥有

---

① 《新时代"枫桥经验" | 金园派出所:深耕新时代"金园红",浇灌基层警务"五大硕果"》,https://static.nfapp.southcn.com/content/202309/18/c8114106.html?from=weChat-Message&colID=1889&appversion=10610&firstColID=1889&enterColumnId=87。

满满的归属感和幸福感的源泉。

"了解世情,关注民生,欢迎收看《今日视线》!"每到傍晚 7 点钟,汕头家家户户的电视机都会神奇般地响起同一个声音,这个声音从 2005 年 9 月 19 日开始一直陪伴每个汕头人至今,风雨无阻、从不间断,这就是汕头本土的民生新闻节目《今日视线》。"老百姓永远是节目的'主角'",无论是洪涝、干旱等天灾,还是教育、医疗、交通、住房等"大事",或是柴米油盐酱醋茶等"小事",只要是百姓所关切的就是节目永恒的主题,而奔波忙碌为民纾难解困的背后,却只需简单的一通电话。潮阳区西胪镇一单亲母亲独自抚养先心病患儿,无力承担治疗费用的事一经节目报道,立即引起社会广泛关注,汕头大学医学院第一附属医院主动救治患儿并为其免去资金压力,热心市民也纷纷捐善款、购新衣,让这个陷入寒冬的家庭感受到了温暖与希望;同为潮阳区西胪镇的耄耋老人熊光顺年幼时因战乱和饥荒而流离失所、客居他乡,但故乡的一草一木、亲人的音容笑貌,一直令他魂牵梦萦,通过《今日视线》他踏上寻根之旅,终于如愿回归故里、认祖归宗,而这一刻,他足足等了 80 余年……像这样的泪目瞬间在《今日视线》是"家常便饭","剧情"比时下的肥皂剧要精彩得多、感人得多。正是这份竭诚为民的不改初心,让这档节目在汕头既得"民心"又得"天下",收视率在同行中一直保持名列前茅,成为名副其实的收视长虹节目。

小心翻开一页泛黄的旧报纸,那是 1988 年 7 月 18 日发行的《汕头日报》,黑色油墨字依然清晰地呈现着一个显眼的标题——《市长专线电话、市长专用信箱 20 日起接受市民来电来信》,从那时起,这通电话正式架起了一座"连心桥",一头连接群众、一头连接政府部门。再打开另一张旧报纸,时间已来到 2000 年 7 月 31 日,可以看到《市长专线电话号码改为 12345》,这又是一个新起点,因为从此 12345 这个号码慢慢地在汕头人民心里生根发芽。第七届全国 12345 政务服务便民热线大会上发布的《2023 年 12345 热线运行监测报告》显示,汕头市 12345 政务服务便民热线在全国 313 个地级市中排名第 13 位,更是在多年经营中把"全国巾帼文明岗""全国青年文明号""广东省巾帼文明岗""广东省青年文明号""广东省五一劳动奖状""广东省三八红旗集体"等一个个国家级、省级、市级荣誉收入囊中。这些成绩的背后，是一份便民惠民的坚守、一场用心用情的经营和一种敢闯敢干的劲头。汕头12345政务服务便民热线在实践中一步步整合了36个单位83条对外服务热线，接入国家政务服务平台、"粤省心"等，实行"一号式"24小时服务；坚持守正创新，在全省首创"工单直派""提级复核""实时响应""全程督办""区域热线协作""政企热线协作""网络平台整合"等改革试点[①]，不断提升服务品质；把"用最优质的服务，帮助每一位有需要的市民"的承诺体现到每一通电话里，竭诚为人民群众排忧解难，让12345逐渐成为汕头的"生活110"。

---

① 《征程万里阔，奋斗正当时！汕头市12345热线开办35周年》，https://mp.weixin.qq.com/s/OmizoNIOmxA_W-sUpfGJKg。

德润人心：崇德向善的潮汕传统

"道之以德，齐之以礼，有耻且格。"孔子"为政以德"的思想精髓深刻影响着中华大地几千年的国家治理方式，也是党"依法治国和以德治国相结合"治国方略的理论基础。党的二十大报告提出"弘扬中华传统美德""推动明大德、守公德、严私德"，正是传承德政思想、突出以德促治的重要体现。别具一格的潮汕文化既是中华文化的重要支脉，也是中华优秀传统的"活化石"。崇德向善的道德力量在这里始终蓬勃生长，重信义、讲礼仪、孝老爱亲、见贤思齐、乐善好施等优良传统世代承袭、发扬光大，已成汕头人内化于心的道德基因，成为汕头新时代的发展动力与奋进源泉。

尊老：建设"没有围墙的养老院"

随着我国日渐步入老龄化社会，"人间重晚晴"是大势所趋，也将成为未来流行文化的重要组成部分。敬老爱老是中华民族数千年来的优秀文化传统，更是深入每个汕头人的骨髓，"老吾老，以及人之老"早已蔚然成风。"呼援通""侨心桥""平安铃""长者饭堂"……汕头用一个个惠老品牌为全市85.39万老年人构筑起了一座"没有围墙的养老院"。

"呼援通"无疑是汕头敬老惠老的金字招牌，早已声名远播了。那么，"呼援通"缘何成为居家养老服务项目的标杆？或许我们可以从其服务模式中略见一斑，也为各地提升养老服务水平提供些许启示。

"呼援通"所依托的，是一个在党建引领下，由专职人员、社工和青年志愿者组成的近1700人的青年团体。党建，为这个青年团体筑牢信仰，定期组织青年党员与老党员一同开展革命传统教育，坚定了他们服务长者的信念；"紧急救援快捷路线"演练、"法律支持、政策解读"、"老年人心理认知和思维模式"等培训，提升了他们服务长者的能力。这支志愿服务队成员平均年龄不超过27岁，他们都是老人们口中亲切呼唤的"家里人"，他们来自社会各界，各有专长，"呼援通"把他们整合为多个小分队，对应开展各类公益服务项目，这些年轻人用爱心、耐心、细心守护着"爷爷奶奶们"。

一呼即通——全力保障长者生命安全。一声铃响，有呼即援。"呼援通"以一键式应急终端为支撑，全天候待命、网格化管理，当老人突发急病需要援助时，及时准确定位长者求救信息，15分钟到场开展应急救护，为救护车提供线路导引，抬担架、办入院，为挽救长者生命赢得宝贵的"黄金窗口期"。

一叫就到——全力解决长者生活困难。坚持依循老人习惯、从老人角度出发，秉持耐心细致、专业包容的理念，将服务内容拓宽至8大类171项，免费为老年人提供紧急救援、物业维修、生活照料、卫生保健、精神慰藉、法律援助等"一站式"居家养老公益服务，并每月1次主动电话关爱高龄老人，每月1次上门探望农村低保鳏寡无儿无女的老人，以情感浓厚、润物无声的亲情式关怀服务长者的大事小事。

一线守护——全力处理长者家庭矛盾。秉持"快、硬、公"三字诀，情感"和泥"，事实"搅拌"，法律和道德做"工作"，调处老人在百年遗嘱、财产分配、婆媳矛盾、父子关系等方面的矛盾纠纷，帮助解决"烦心事"，促进家庭和睦、亲情融洽，让老人安享晚年。

一心关怀——全力增强长者幸福感。让长者老有所依，更要老有所乐。"呼援通"组织举办"50年党龄50载金婚"集体纪念活动,弘扬"文明家风";举办"为长者折枝""敬老百叟宴""四代同堂全家福"等系列活动,让长者乐享"颐年生活";组织长者参观旅游景点,引导长者参与基层治理,凝聚长者"春蚕不老,夕阳正红"的"奋进力量"。

"汕头呼援通"用十年如一日的守护和全天候、全方位的服务换来了"赞声"一片,也取得了丰硕的成果:累计成功挽救400多名长者生命,为长者解决各类问题、困难和需求23万多件,收到长者及其子女来电来信感谢表扬7000多封,央视新闻、人民日报、新华社、中国老年报等国家、省级、市级媒体争相报道,先后被授予全国先进基层党组织、全国敬老文明号、全国青年文明号、全国三八红旗集体等国家和省、市、区荣誉称号45个。

敬贤:激发"贤力"促"贤治"

乡贤文化是中华优秀传统文化的重要组成部分,是中国历朝历代乡贤德行凝结的意识形态的集合。在新的历史时期,乡贤文化也与时俱进,新乡贤文化的精神底蕴不仅对社会主义核心价值观落地生根有重要意义,而且也有利于促进社会治理现代化。汕头在外乡贤乡亲之多,殆罕其匹,其中更是涌现出一大批政界、商界、学术界、文艺界的俊彦翘楚。而他们事业有成后对家乡的感恩及反哺之情,尤其感人至深,可谓"立庙堂忠君之禄,归乡里孝亲之泽"。正因如此,乡贤在汕头地区历来是备受推崇与尊重的文化群体,他们德泽桑梓、造福乡邻的精神和热心家乡建设与乡村治理的行为,在汕头基层社会治理中发挥了举足轻重的作用。

在潮汕农村地区,两个村庄因历史上发生冲突而立下"男女不通婚""互不来往"的誓言,在过去并不少见,"世仇村"妨碍了男女之间的婚恋自由,甚至阻碍了当地村民之间的正常交往。潮南区成田镇的家美社区和西岐村就是一个典型例子。20世纪30年代，持续的干旱令当地农业灌溉、民众生活皆受影响，两村因争夺水源灌溉农田问题引发大规模械斗，致使双方死伤惨重。惨痛事件致使两村先人均立下"不相往来，互不通婚"的誓言。随着时代的发展和文明的进步，两村往来日趋频繁，但先人的誓言成为横梗在今人心中跨不过去的一道坎，致使多年来该镇千方百计推动的"解结"工作效果甚微。直至2022年，潮南区深挖乡贤文化内涵，大力推行"乡贤共治"调解法，牵头成立和亲睦族理事会，该镇主动引入贤力、贤智，海内外乡贤在乡音乡愁的感召下，纷纷回乡共襄义举，积极牵线搭桥，为化解矛盾建言献策。系于尊贤敬贤的文化传统，乡贤发挥影响力强、群众信赖的优势当好"和事佬"，群众秉承尊崇贤达能人的态度，大家围坐一席，依托以茶待客潮汕交际礼尚，品茗议事，在一敬一请中把理说透、把情道明。2022年4月8日，在数万村民见证下，两村互赠"和睦友善"牌匾，宣布解除两村之间上百年"互不通婚"的陈规，缔结友好乡

崭新的"弘扬礼义 敦睦乡邻"牌匾见证"世仇村"化解宿怨（汕头市委政法委供图）

村。两村乡贤还趁热打铁,共同捐资500万元推动建设"同心路"。这一佳话也于2022年7月28日载入中央政法委"长安剑"微信公众号。运用这一成功经验,潮南区又于2023年4月化解溪头四个乡、6月化解司马浦镇华里西村和陈店镇溪口社区"世仇村"的百年宿怨,消融陋习"坚冰"。

汕头尊贤的优秀传统不仅在于敬重现时乡贤,更在于尊崇先贤、学习先贤,让先人的贤德品质在春风化雨、润物无声中教化引导群众,从而形成讲信修睦、亲仁善邻的良好社会氛围。最具代表性的是位于金平区月浦街道的沟南社区,这个由许氏家族创基形成,仅有近1800人口的小小古村落,在800年的历史沿革中却培育出无数栋梁之材,诸如清代两部尚书许应骙,广州抗英运动领导者之一许祥光,辛亥革命元勋许崇智,革命先驱许悼,农民领袖许怀仁,著名教育家、中山大学前校长许崇清,鲁迅先生的夫人、中华女杰许广平等。这个小村落为何能成为"近现代史中国社会的一个缩影",印证潮汕大地"海滨邹鲁"的文化盛誉?造就这个辉煌传奇的正是尊贤学贤的优秀传统。如今我们再造访"沟南许地",许氏宗祠门上"亲其亲,长其长,愿后嗣举家和睦无虞无诈"的家风遗训,祠堂外两边墙壁上的36道"光宗碑",村口的"二十四孝广场"以及随处可见的"颜子家训"、"治家格言"和各种治学、处世、为官的心得警句,仿佛是许氏先贤们与后代之间的超时空对话,让我们沉浸在诗礼之家的儒雅气息之中。"耕读世家,勤学孝悌"家风的熏陶浸润和后世子孙以先贤为师善修德行的风气,让这个古村落永久弥漫着和谐的气息,违法犯罪、越级上访、重大安全事故……这些名词似乎与这个村落无缘,被隔绝于村庄之外,让它成为名副其实的"平安·幸福"村居。

守信:弘扬"立身存笃信"

人无信不立,城无信不兴。诚信是社会主义核心价值观的重要内容,是社会主义市场经济的基础。汕头作为百载商埠，历来具有重诚信的传统。同时，作为改革开放的窗口和试验田，伴随计划经济向市场经济转轨，汕头把信用建设作为一项重要的基础性、先导性工作，作为精神文明和物质文明两手抓的"叠加地带"来抓，着力打造"信用汕头"。2001年在全国率先启动信用体系建设，2003年设立市社会信用监督管理机构，2012年被确定为广东省信用建设试点市，2016年成为创建国家社会信用体系建设示范城市，2019年在全国262个地级市中最高排名为第26位，汕头城市信用建设成效明显。

见证百年沧桑侨史、入选《世界记忆名录》的侨批文化是汕头重承诺、守信用最有力的证明。诚信贯穿于侨批业运营中寄批、送批、收批、回批、写批等各主要环节，形成了环环相扣的"道德链"。作为寄批者的海外侨胞，恪尽赡养眷属的义务，有一块钱寄一块钱，有十块钱寄十块钱；作为送批者的侨批局，视诚信为立业之本，千方百计地把一封封家书连同一笔笔批款送到各镇各村、各家各户甚至穷乡僻壤的侨眷手中，一笔不漏、分文不差；作为收批者的侨胞眷属，对侨胞在批信中交办的事项，如分给亲友们的批款、物品，都按侨胞盼咐的"分配方案"执行。"口批"和"赊批"是最能体现侨批诚信文化的。其中，"口批"即汇款人到批局"口头"说定汇款金额及收款人信息，交款后由批局执事直接在海外面受"批脚"（送批人），"批脚"到达国内之后，再到对汇的银庄，用代号与密码"口头"支取现金，把钱送达收批人手中的汇款方式。"赊批"则是有的侨胞因一时经济紧张，按时给家人寄批有困难，就会来批局"赊批"，由批局先行垫款，等收到家人回批后，再来批局还钱。

静躺于汕头侨批文物馆里的一封封泛黄的侨批诉说着异乡游子的思念情，也见证了侨乡社会的历史变迁与潮汕先民守信重义的美德，如今，侨批、批局等已成为历史，但是诚实守信的侨批文化却永不过时，在汕头人民心中永世流传。2020年10月13日，习近平总书记专程来到汕头侨批文物馆考察并作重要指示，既对侨批诚信文化高度赞同，也为汕头推动诚信建设指明了方向。2020

年 12 月，广东省征信文化教育基地落户汕头侨批文物馆，依托"侨批"这一特殊邮传载体所承载的诚信精神，向全社会弘扬"立身存笃信"的精神。

"您好！您拨打的机主已被汕头法院纳入失信被执行人名单，请敦促其尽快履行生效法律文书确定的义务，诚信汕头建设感谢您的参与。"这是汕头法院为"老赖"们特制的专属手机彩铃，是汕头信用建设"三十六计"中失信惩戒的一计。早在 2018 年，汕头市中级人民法院就在全省率先推出"失信彩铃"，定期向三大通信运营商推送失信被执行人名单，运营商对纳入名单的人员名下的全部手机号码启动"失信彩铃"和彩印（挂机）短信，失信被执行人只有履行生效法律文书确定义务，方可取消限制、恢复正常通信。"失信彩铃"犹如同"唐僧念经"，为失信者戴上"紧箍"，既生动形象又发人深省，令失信者无所遁形。与此同时，汕头法院建立"信用汕头"失信信息曝光平台，联合 37 家具有信用惩戒职能的政府机关单位推送共享失信被执行人信息，通过将共享信息嵌入监管系统，实现自动比对、自动拦截、自动监督、自动惩戒，让失信被执行人"一处失信，处处受限"。但是，"人非圣贤，孰能无过？过而能改，善莫大焉"，联合惩戒只是手段，是为了在失信者心中种下"信用有价，守信光荣"的种子。汕头法院还为失信者开辟了一条"信用重塑"的通道，主动为失信企业开展信用修复培训，引导企业签署《信用修复承诺书》、与申请执行人达成执行和解，使失信者由"黑"变"红"成为可能。

近年来，腾讯、阿里、华为等头部企业纷纷抢滩汕头，服博会、玩博会、南澳科学会议、国际风电技术创新大会等高端展会和会议接连在汕头举办，在广东省首次发布的营商环境评价报告中，汕头获评"优秀"，也是粤东西北唯一获"优秀"的城市。这是汕头近年来以敢为人先的勇气和魄力，不遗余力地推动信用建设的结果。汕头营商环境不断优化，市场活力持续迸发，投资者对汕头发展前景信心满满，故而这场城市与投资者之间的"双向奔赴"正在一幕幕呈现，为汕头经济社会再次腾飞赢得黄金时机。

兴法之地：务实尚法的特区精神

习近平总书记指出，改革和法治如鸟之两翼、车之两轮，相辅相成、相伴而生。汕头这座既古老又年轻的城市，恰恰是改革和法治两者的有机结合体。汕头经济特区在发展历程中，始终坚持以勇立潮头的法治精神，护航革故鼎新的社会实践，用"科学立法、严格执法、公正司法、全民守法"引领汕头的善治之路始终走在法治轨道上。那么，汕头是什么样的法治之城？不同的汕头人会给出不同的答案。对企业家而言，这里有着良好的营商环境，是可以心无旁骛、凝神聚力成就事业的城市；对追梦者来说，这里鼓励创新、宽容失败，是梦想能够照进现实的城市；对平凡百姓而言，这里充满公平正义，让同处一城的你我他和谐融洽、共享幸福；对弱者而言，这里温情四溢，时时处处可以捕捉到执法为民的感动瞬间……这就是法治汕头，经得起不同维度的打量，吸引着无数人的向往。

立好"万事之仪表"

作为中国改革开放的试验田，汕头经济特区之"特"，不仅在于其享受特殊的优惠政策，更在于其拥有法律所赋予的特区立法权。1996年3月17日，八届全国人大四次会议通过了《关于授权汕头市和珠海市人民代表大会及其常务委员会、人民政府分别制定法规和规章在各自的经济特区实施的决定》，正式授予汕头经济特区立法权。自此，汕头快马扬鞭，在法治建设上破浪前行，用法治软实力打造城市核心竞争力。创新突破触发蝶变，一部部因实际需要而诞生的良法，正在为特区的改革创新和经济社会发展保驾护航。

　　汕头利用特区立法权优势，积极在立法上先行先试、破冰探路，在全国、全省率先推出一系列含金量高、具有汕头特色的地方性法规规章。2000年，《汕头经济特区个人独资企业条例》通过，这是汕头发挥特区立法权优势，自行提出立法议案而制定的我国首部个人独资企业条例；2013年，汕头出台《汕头经济特区预防腐败条例》，成为全国首个预防腐败的地方法规，填补了国内立法的空白；2014年，汕头颁布施行的《汕头经济特区社会工作者条例》，作为全国首部社会工作者地方法规，对于推进特区社会工作专业人才和队伍建设，促进汕头民政和社会工作健康有序发展具有积极意义；2020年，在举国上下如火如荼开展市域社会治理现代化试点创建之际，汕头迅速在全国率先出台《汕头市人民代表大会常务委员会关于强化法治保障促进市域社会治理现代化试点工作的决定》，以立法形式有力护航试点工作开展；2021年，汕头在全国率先施行《汕头经济特区预防与化解纠纷促进条例》，引领社会矛盾纠纷预防化解机制创新，推进多元化纠纷解决机制建设开启新篇章，打造特区版"枫桥经验"……这些全国领先的立法，不仅为汕头依法治市提供了坚强保障，还促进了汕头改革开放和高质量发展，也为全国立法输送了"汕头经验"。

　　"法与时转则治，治与世宜则有功。"汕头在立法上的敢为人先不仅体现在勇于"第一个吃螃蟹"，更注重让立法紧跟时代步伐，做到"改革发展到哪里，立法就保障规范服务到哪里"。汕头首开全国文化领域地方协同立法先河，携手潮州、揭阳两市开展跨区域协同立法，唱好"三城记"，于2021年12月出台《汕头市潮剧保护传承条例》，为潮剧这一约有580年历史、极具地域特色的非物质文化遗产注入新活力；一道道潮汕菜筑起了汕头对外的良好形象，更成为海内外潮人反哺家乡、参与家乡社会治理的桥梁，汕头在全国首创为"菜"立法，于2023年5月施行《汕头市潮汕菜特色品牌促进条例》，弘扬潮汕优秀饮食文化，传承、保护和发展潮汕菜特色品牌；完善《汕头经济特区小公园开埠区保护条例》配套制度，运用法治思维和法治方式保护汕头"百载商埠"的历史见证和海内外潮人的共同记忆；2023年8月，中国数字经济创新发展大会在汕头召开前夕，《汕头经济特区数字经济促进条例》正式出台，这部因时而生的法规将护航汕头在数字经济浪潮中持续发力，抢抓新机遇，抢占制高点……在汕头，被法治色彩渲染的不仅是一出戏一道菜，从河湖保护到城市绿化，从消防安全到公共卫生，从行政复议到矛盾化解，汕头为城市发展而量身打造的立法项目，涵盖政治、经济、文化、生态、民生、社会治理等各个领域。据统计，汕头现行有效的地方性法规共90件，其中，多件法规具有鲜明的先行性、先进性和地方特色。

汕头发挥"立法试验田"作用，既"求新"更"求实"，注重"脚上有泥土"，紧贴人民群众对法治建设的呼声期盼，力求让立法更接地气。一方面，注重发挥基层立法联系点"直通车"作用，实现基层立法联系点镇（街道）全覆盖，将汕头大学法学院设立为立法联系点，广泛听取人民群众和社会各界立法诉求；选聘20位专家学者作为立法咨询顾问，全程参与立法项目的调研论证等工作；完善法规草案公开征求意见及反馈机制，在法规草案征集意见、评估论证、公布实施等环节提升人大代表和社会公众参与的广度、深度。另一方面，探索创新制度设计，坚持管"用几条立几条"，做到以"小切口"立法解决实际大问题。例如，在《汕头经济特区文明行为促进条例》中，在全国首创执法清单公开制度，明确重点治理的不文明行为的执法主体、法律法规依据和处罚标准，标志着文明行为促进工作正式纳入法治化轨道，具有里程碑意义；出台《汕头市行政裁决规定》，成为国内在行政裁决领域的首部地方政府规章，开启了依法裁决的新阶段，打造出行政裁决"一站式"解决纠纷新样本；在《汕头经济特区出租汽车客运条例》中，将巡游出租汽车和网络预约出租汽车纳入调整范围，促进巡游出租汽车转型升级，规范网络预约出租汽车经营，推进两种业态融合发展，切实解决群众出行难问题；在《汕头经济特区消防条例》中，明确小型公众聚集场所投入使用、营业前，建设单位或者使用单位可以免于申请消防安全检查，体现法规便民利民本质。

"一枝一叶总关情"

"善治须达情，达情始近人。"执法之要在于安民，近人是执法的前提，达情是执法的关键，善治是执法的目标。只有亲近群众、通晓民情，近人与达情相守，才能在严格规范公正文明的执法过程中抵达善治的彼岸。习近平总书记"把严格规范公正文明执法落到实处"的总要求是汕头执法工作的根本遵循，体现在执法过程的每时每刻。"人民是否信服"就像一把丈量执法效果的标尺，始终悬挂在每一个汕头执法者心中。在汕头，"公事公办"不是"冷漠""生硬"的同义词，因为执法者总是带上"暖意"去执法，在精准把握执法尺度的同时，以人为本、将心比心，从群众的急难愁盼出发，找到公正执法与群众满意的平衡点，让群众对法治产生敬畏之情的同时，更提高了遵纪守法的自觉性，治理效果自然事半功倍。

寒窗苦读十几载，只为今朝露锋芒。高考，对于每个经历过学生时代的人，都有着非同寻常的特殊意义。因为它不仅是一场考试，更是一次人生的转折点，对学生的未来产生着深远的影响。在汕头，每年的高考牵动的不仅是几万考生或几万个家庭，更是全城每个人的心。高考的三天，是最能体现执法温度的三天，会有无数个警察与考生之间的感人故事发生。2023年6月7日7时51分，在汕头市第二中学考点，执勤民警接到一考生求助，称其忘记带准考证，请求交警提供帮助。执勤交警立即用警用摩托车护送考生回家取得准考证，于

8时03分将考生顺利送回考点；在市聿怀中学执勤的民警发现考生小汤在家人搀扶下前来参加考试，立即上前帮忙，了解到小汤去年因病高考失利，今年再次踏进高考考场情况后，立即协调考场开辟身份核验绿色通道，并连续3天为小汤提供上门接送服务；民警巡查发现潮南区东山中学考点周边一铁皮屋因维修产生明显噪声，执勤民警及时到场提醒，有效降低噪声，为考生们提供了良好的应试环境……从2007年起，每年高考时，汕头公安民警戴上黄底红字象征金榜题名的"护航高考"黄袖章，与汕头电台FM107.2综合广播、汕头市爱心志愿者协会、汕头市城区公共交通服务所等单位及社会团体联合开展"爱心送考"活动。开通涉考110报警求助"快速通道"，在每个考点设立"高考安保便民服务岗"，在通往各考点主要路口及城市各重点路段设立"交警铁骑护考小分队"，对考生申请加急办理居民身份证落实"四个优先"，开展"静音高考"特别行动，对接送考生车辆优先放行……汕头公安通过细致、精致、极致的暖心服务，让学子们的青春逐梦之路在一场场暖心接力中更加安心、放心、暖心，"你们在考场里奋笔疾书，我们在考场外保驾护航"成为那几天最动人的声音。10多年来，汕头公安已用这一暖心执法助力近70万考生圆梦高考，也让"护航高考"成为汕头一个闪亮的品牌。

在我们的印象中，城管与小贩的关系，就像是"猫和老鼠"，是每个城市管理中难以彻底解决的矛盾。然而，这个棘手问题在汕头得到了妥善、有效的解决。夜色中，从上空俯瞰汕头东海岸津河路堤顶路段，宛如一条长蛇，被璀璨灯光包围着，与一旁的新津大桥交相辉映，这里是汕头市区人气的聚集地，也是许多市民游客休闲、观景乃至锻炼健身的"打卡地"，平时热闹非凡，节假日更是人流如织。"网红冰粉，5元一份。""纯手工柠檬茶要不要？""新鲜烤生蚝不要错过啦。"……天色微暗，吆喝声就此起彼伏，不少商贩开始就位，展示自家的招牌商品。然而，夜市散场后，垃圾如何处理？交通乱象如何解决？乱摆摊占摊现象如何根治？这些都是摆在城市管理部门面前的难题。市民需要摆摊，而城市需要管理，如何让人间"烟火气"和城市"洁净美"相伴而生，考验着城市管理的智慧。秉持"执法是为了给人民群众带来更多幸福感、满足感和获得感"理念，在东海岸网红景点专项整治中，汕头坚持"疏堵结合"工作思路，通过现场调研走访、诚恳听取广大市民意见，规划设置流动摊档疏导区，引导该区域的商贩进行规范经营。同时，积极运用提醒、劝告、引导等柔性执法方式，对占道经营的摊贩进行宣传教育，耐心向摊主讲解占道经营的危害性。立足海边防风防雨需要选择整齐划一的集装箱摊位，联合艺术机构、艺术学院等团体对集装箱体进行涂鸦喷画，在为流动摊贩"筑巢安家"的同时，也满足了市民多样化的休闲、观赏、消费需求，把疏导区打造成新晋爆款景点，集市经济人气有增不减，既守护了"城市烟火气""社会人情味儿"，又激发了城市"夜间新经济"活力。[1]

"感谢贵局本次对我的酌情处理。经执法人员的科普，我知道销售添加剂超标的腌萝卜碎和萝卜条可能面临5万元以上的行政处罚。……最后还是衷心感谢贵局对我处罚从轻，帮小店生存，帮我小家过上安心年。"龙湖区一杂货铺经营者王先生专程来到区市场监管局，送上一封真情流露的感谢信。原来，王伯的杂货铺因销售不符合食品安全标准食品被市场监管部门依法立案查处，然而因年事已高且生活困难，对于处罚，王伯态度消极抗拒。对此，执法人员一面告知其享有陈述、申辩及听证权利，一面耐心开导、普及法律知识，手把手指导其如何执行进货查验制度、如何合法合规经营等，同时，鉴于其初次违法且没有造成严重后果，加之生活确有困难，最终依法给予从轻处罚。被执法人员的温度执法、关心帮扶行为所深深感动，王伯当场表示主动改正错误、缴清罚款，并送来了感谢信。当前，个体工商户发挥着辖区就业蓄水池、社会稳定器、共同富裕生力军的重要作用，但由于从业门槛低，个体工商户常出现未能

---

[1] 《汕头：守护"烟火气"，激活"夜经济"》，https://mp.weixin.qq.com/s/sxNsXEMf-duAooYY3sSF8fg。

依法依规经营的情况。在针对此类市场主体执法过程中,汕头执法者始终坚持把"严格、温情、规范融入执法的血液",宽严相济、法理相融,避免"一刀切"式的以罚代管,既让群众感受到别样温暖,也让城市治理更显从容。所以,像王伯这样既达成执法效果,又彰显执法温度的案例时常发生。

做好新时代"侨"字法治文章

汕头,是一座充满"侨"印记的城市,一座拥有厚重历史文化底蕴、充满人情味儿的侨都。广大海内外潮籍乡亲是汕头改革开放和现代化建设的见证者、参与者、推动者,如今更是汕头高质量发展新征程上最具优势、最不可或缺的重要力量。同时,汕头还是一座宜居宜商的法治之城。那么,维护好侨人侨胞合法权益、营造侨人侨胞友好型法治环境,必定是做好新时代"侨"字文章的题中之义。近年来,汕头围绕涉侨法治领域进行了诸多探索,不断激活汕头的"侨基因",守护了侨益、汇集了侨智、温暖了侨心,推动涉侨服务的水平和质量全面提升,擦亮了汕头涉外涉侨法治品牌。

作为著名侨乡,汕头华侨人数众多,侨房面积大。而保护侨房权益,正是保护华侨权益的重要内容。在 1996 年取得特区立法权后,汕头随即把华侨房地产权益保护列入当年的立法计划,经过一年努力,于 1997 年出台了全国首个保护华侨房地产权益的综合性地方法规——《汕头经济特区华侨房地产权益保护办法》,把落实侨房政策、保护侨胞权益推上了法治化轨道。"法院仅用半个月,就帮我收回数十年未踏足的故居,高效的执行让我的乡情更浓厚。"这是归国华侨周先生的由衷感言。故事从新中国成立前说起,那时周先生的爷爷曾在峡山街道自建一座"四点金"①,之后便和儿子一起到泰国谋生。改革开放后,政

---

① "四点金"即四面以房屋围合而成的天井小院,是潮汕地区独特的民居。

府向周先生颁发《华侨房屋产权证明书》和《集体土地建设用地使用证》，明确这座"四点金"的归属。然而在 2021 年 4 月，归国的周先生发现有两位老人强占了这座"四点金"的厨房，出租给第三人，便将其起诉到法院。法院依法支持周先生诉求，但因两被告拒不履行生效判决，周先生便向法院申请强制执行。案件执行法官在对两名被执行人进行释法说理的同时，直接联系案外人即承租人进行沟通协调，最终达成一致意见，即承租人继续租住该房屋，将租金直接付给周先生。这起案件就是汕头以公正司法保护华侨房地产权益的一个缩影。此外，在全省率先设立涉侨审判专业合议庭，启用涉侨权益司法保护中心，挂牌设立"涉侨权益保护法官工作室"，设立涉侨诉讼绿色通道、网络"云审判"等，一系列实打实的司法"护侨"举措留住了侨人侨胞的心，筑牢了海外华侨华人"根魂梦"。

2023 年，共建"一带一路"倡议提出十周年。作为全国著名侨乡，汕头因侨而立、因侨而兴，广大海外侨胞对汕头经济社会发展有着不可磨灭的贡献。2023 年，"一带一路"涉外涉侨法律服务中国·汕头交流会和汕头市涉外涉侨法治建设工作会议成功举行，涉外涉侨法律服务创新发展结出累累硕果，成为汕头涉外涉侨司法工作的一个里程碑。事实上，一直以来，汕头在做好涉侨法律服务、解决涉侨民生问题上可谓不遗余力，特别是近年来，涉侨法律服务中心挂牌成立，组建汕潮揭"一带一路"涉外涉侨法律服务团、涉侨公证服务人才库、涉侨人民调解专家库、涉侨法律援助志愿队等服务团队，实现全市六区一县"涉侨纠纷诉调对接工作室"全覆盖，设立"涉侨纠纷化解工作联络点"……汕头以最优质的法律服务最大限度地满足侨胞侨眷的司法需求，为侨人侨胞托起"稳稳的安全感"。

"侨"，无疑是汕头这座城市的灵魂，海外华侨情系桑梓，侨乡汕头用心用情用力做好新时代"侨"字法治文章，这样的"双向奔赴"让山海不再遥远，既让乡情更加深厚，也让城市发展充满可能。

让法律"飞入寻常百姓家"

自 1986 年我国正式开展"一五"普法活动以来，汕头发挥"桥头堡""领头羊"作用，利用城市精细化治理经验优势，坚持为了人民、依靠人民，把人民群众对美好生活的向往作为主要目标，在普法领域开创诸多先河、创新诸多样本，实现公民法治素养和社会治理法治化水平的显著提升。

"儿童散学归来早，忙趁东风放纸鸢。"在东海岸公园，有一场既特别又精彩的风筝嘉年华，让广大市民游客尽情地享受汕头这座海滨之城的专属浪漫，感受汕头焕发的勃勃生机和满满活力。瑰丽奇异的章鱼和魔鬼鱼、小巧呆萌的螃蟹和小乌龟、逼真柔美的金鱼和鲤鱼……在碧空中迎风飘舞，城市的天空被绚烂多彩的风筝点缀得如诗如画，无数网友感叹"这不就是宫崎骏画笔下的动漫世界吗？超梦幻！"而最引人注目的是，"弘扬宪法精神，建设法治汕头""打击洗钱犯罪，维护金融安全"等标语随着各式各样的大型风筝直上云霄，整个公园的天空成了法治主题"海鲜盛宴"，让法治理念"飞入寻常百姓家"。"中国人民银行结汇章是用法规管理侨批业的直接体现"舞台上，大屏幕出现一封封侨批，汕头市档案馆侨批分馆名誉馆长林庆熙从"依法治批"的角度，依次解读侨批留下的法治信息。这场"时光家书·侨批里的法治生活"法治故事分享会活动，以"侨批"这一独具特色的本土文化载体为切入点，邀请侨批研究专家、律师，以及海关、司法行政等单位人员解读侨批中的法治信息，探寻"法"与"侨"的联结点，引导群众更深入了解侨乡历史中的法治元素，了解宪法法律在法治轨道上如何推动涉侨工作。夜幕来临，小公园中山纪念亭内灯光明亮，"戏亭印象"潮剧节目热闹上演，引得游人们围成几圈观看。《金榜题名时》《清官难断家内事》《辩本》《金花送郎》《闹开封》等经典潮剧选段，与民法典宣传深度交融，表现出情与法、义与理的碰撞。"高空抛物要担责""小区电梯

瞰见 **特**别

广告收益属于业主共有""离婚设置三十天冷静期"……潮语演员们还把民法典中与大家密切相关的条款,用潮语小品的形式,接地气地呈现。"戏古论今话德法"潮剧普法沙龙,就是通过这样一个个节目的精彩演绎,给现场的观众呈现一场别样的视听盛宴,让市民在欣赏潮剧的同时学习法治知识,尽享法治文化大餐。当普法遇上灯谜,又会擦出什么样的火花?"离家先去汕头——打一二字法律名词"学生们对谜语抓耳挠腮,在纸上奋笔疾书。"宪法!"第一位举手的同学忍不住喊出了答案:"采用离合法,可以将离家解读为宝盖头,加上先字就是'宪'字……"学生们争先恐后,思维活跃,解锁了一个个法治谜底。结合

趣味盎然的风筝嘉年华点燃了城市上空(汕头市文化广电旅游体育局供图)

"猜灯谜"这一传统文化活动,巧妙地将法律知识嵌入每一个灯谜,就谜底延伸至相关法律知识,寓教于乐,让学生们在解谜的同时不知不觉地学到了满满的法律常识,这是汕头创新普法形式的又一成果。

潮汕文化源远流长,具有鲜明的地域特色,拥有丰富的非物质文化遗产包括楹联、书法、剪纸、潮汕歌册、民间"讲古"台、学生手抄报等。只要是群众喜闻乐见的传统文化艺术形式,都可以嵌入法治元素,推动一场场普法教育和特色文化交融碰撞的"大戏"在汕头频频上演,以法治文化软实力筑牢法治建设的硬基石。

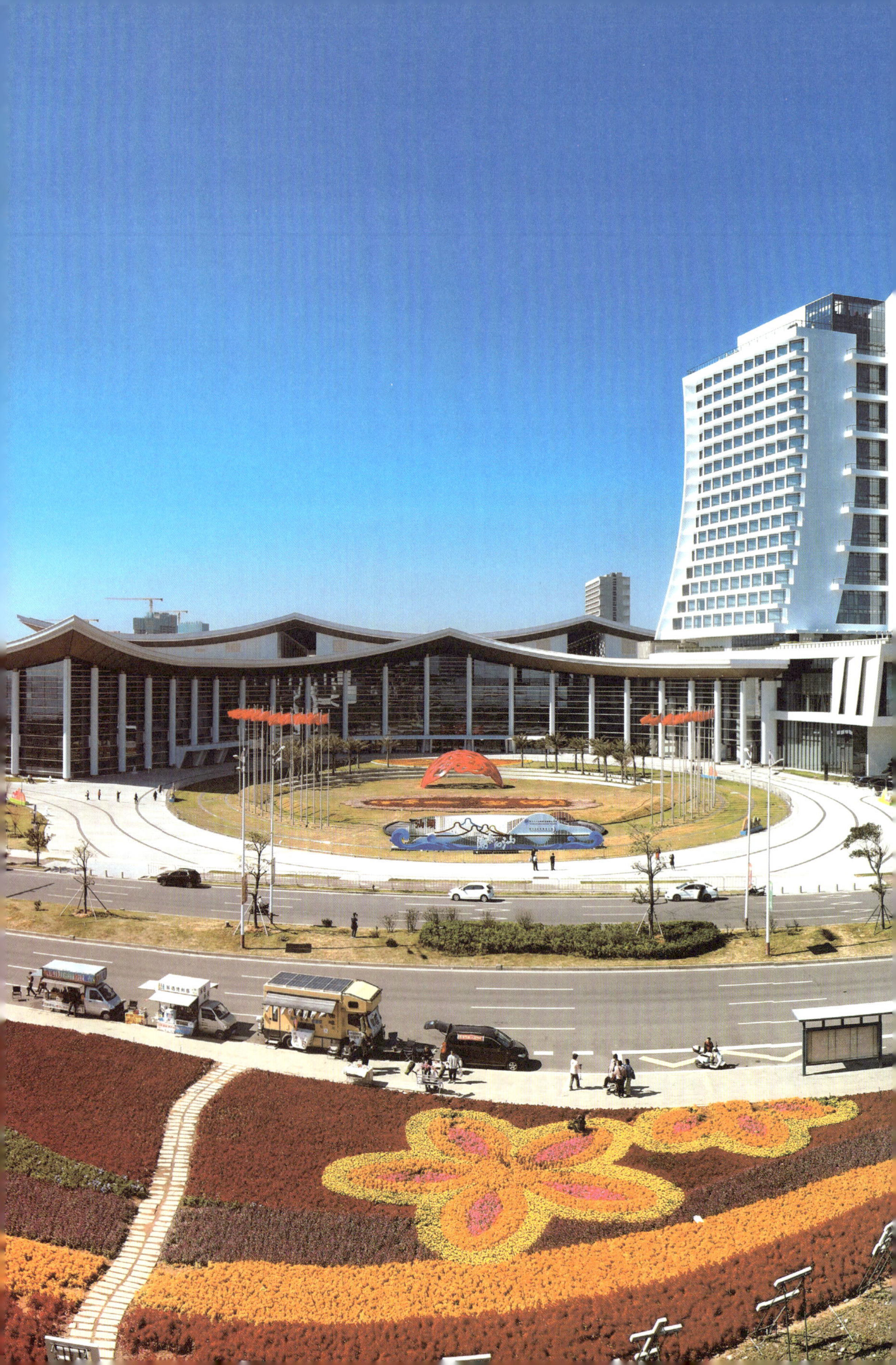

尾章

四方潮涌
鮀城春隆

　　大海怀抱中的城市,依然充溢着春潮的气息。

　　凡所过往,皆为序章。四十多年前,在国运和命运的双重选择下,面对未知的风险和挑战,汕头毅然出列,挺膺担当。

　　凡所将至,皆为可期。四十多年后,斗转星移,时空已不可同日而语。这座正当盛年的特区城市又将如何在中国式现代化建设的时代浪潮中奋起直追、迎头赶上,继而在城市高质量发展比拼中实现"突围"?

　　城市的远景已徐徐展开,新一轮的追索从未停歇。

瞰见 **特** 别

何以"出圈"?
市井馨香,海风潮韵更宜居

鮀城景致多旖旎,碧水蓝天映美景。

在滨海大地,一幅"城在海边,海在城中"的城市画卷已经铺开,旺盛的人气商气也让这座"水韵山灵"的城市不断绽放独一无二的光芒。浪漫的滨海风情、独特的邹鲁文化以及缭绕舌尖的味蕾,提升了汕头人的幸福感,也吸引着八方来客把汕头浓郁的生活气和复古味"推出圈"。

城市,不应该是钢筋水泥堆砌而成的冰冷丛林。一座城市的魅力,更在于她的灵性和"温度"。一个个基层治理的鲜活案例、一派宜老宜少的幸福场景在这里呈现,为汕头打造全域式宜业宜居宜游城市增添奋进的"底气"。从"出圈"到"长红"、从"客流"到"客留",汕头打造城市品牌形象的实践仍有很多想象空间。

随着沿海一线的"汕汕高铁"建成通车,广东省内城市往来汕头市区,将变得前所未有的方便。而汕头故事要续写好"后半篇文章",不单要用市井烟火、人间至味,打造"近者悦,远者来"的文化深度旅游休闲地标,更要让城市有温度、让乡愁有归宿。

这座氤氲着浓浓人文气息的城市正致力于为汕头人民和外来游客打造可进入、可参与的城市生活,让世界尽情抚摸这座城市文脉的细腻肌理、感受智性和灵性的璀璨光芒。

尾章 / 四方潮涌　鮀城春隆

何以"扩圈"？
丝路之源，区域引擎添活力

　　新时代新征程上，"年富力强"的汕头再次披挂上阵，身后吹响的是全面融入粤港澳大湾区建设、链接粤闽浙沿海城市群的"冲锋号"。

　　地处粤东的汕头拥有得天独厚的地理区位优势、海洋优势以及人文优势，是连接粤闽浙沿海城市群与粤港澳大湾区的重要枢纽。对汕头而言，新赛道催生新机遇，要扩"圈"延"链"推动高质量发展，以融入粤港澳大湾区、粤闽浙沿海城市群建设为引领，建设好汕潮揭都市圈主中心城市，才能把"朋友圈"拉大做实。汕头将发挥中心城市标杆引领功能，增强省域副中心城市聚集辐射功能，加快打造穿山跨海、联通内外的汕头交通路网，推动粤东地区乃至粤港澳大湾区的产业、资金、人才等发展要素源源不断涌入汕头，构筑区域现代化发展新格局。

　　广袤的海洋，见证了汕头依海而立、向海而兴的繁荣历史；放眼未来，汕头也将用好临海优势与海洋资源，朝着打造服务全国、辐射东南亚、面向全世界的国际海上风电产业根据地和创新策源地的目标，扶摇而上，乘风远航。

　　如今的汕头，正无比坚定地走在"工业立市，产业强市"的康庄大道上，加快构建特色鲜明、潜力巨大的"三新两特一大"产业发展格局，建强"买全球卖全球"的贸易网络，促进贸易与工业互促双强，全力打造区域重要发展极。高质量发展的全新图景渐次展开，打造建设工商并举的现代化产业体系，汕头已做好准备！

瞰见 **特** 别

何以"破圈"?
特区基因,春天故事赓续写

汕头,一度承载着人们对经济特区的高期望值,难免会被放在特区坐标中进行比较。与深圳的一飞冲天、珠海和厦门的步履稳健、海南的政策红利不断相比,汕头一度蹒跚而行、稍显落寞。

"千淘万漉虽辛苦,吹尽狂沙始到金。"改革是经济特区的"根"和"魂",亦是汕头经济特区攻坚克难、爬坡过坎的动力源泉。党的二十届三中全会擘画了新时代改革开放的新蓝图,当前的汕头全面提振改革创新的精气神,激扬敢为人先的闯劲,永葆刀刃向内的狠劲,提高狠抓落实的干劲,锤炼不怕挫折的韧劲,赓续弘扬特区精神,勇当改革开放尖兵。新一轮的改革"激荡一江春水",重现新一轮"百业争春",传递出经济特区迎头赶上的强烈信号。

创造新的更大奇迹,核心在于奋力服务发展大局。百年未有之大变局下,中国式现代化浪潮势不可挡,持续擦亮百载商埠"老字号"金字招牌的汕头,胸怀"国之大者",自觉融入中华民族伟大复兴的历史进程中。

高质量发展是新时代的硬道理。新起点上,汕头找准着力点、标定突破点,聚焦高质量发展痛点深化改革,在更多领域先行先试,着力破解发展空间瓶颈,强化核心技术攻坚,营造市场化法治化国际化营商环境,围绕群众的"急难愁盼"领域开展改革,持续深化民生领域改革,优化交通出行环境,全面提升群众的幸福指数，在守正创新、开拓进取中推进现代化建设。

可以预见，在改革春潮的澎湃和激荡下，更加成熟和稳健的汕头将积蓄更多奋进力量，踔厉奋发，续写更多"春天的故事"。

瞰见 **特** 别

何以"融圈"？
潮侨四海，云帆丝路接天涯

侨，始终是汕头发展蓝图中一抹浓烈的亮色，更是汕头在新时代城市发展大潮中突围的有利资源和显著优势。

走遍天涯路，最是乡情深。为了留住华侨华人的乡愁根脉，携手侨胞再出发，汕头以举办2024年世界潮商大会和第二十二届国际潮团联谊年会两大潮人盛会作为聚力做好新时代"侨"文章的重要抓手，抓紧谋划建设一批重大产业、交通基础设施、民生保障、科创平台、文化精品、会展旅游、重大涉侨项目，向全球发出"有闲来谒迌"[①]的盛情邀约，热切邀请海内外潮汕乡亲回到祖辈出发的原点，感受汕头活力特区、和美侨乡、粤东明珠新气象，促进各领域产业对接、经贸交流，把全球潮汕人的大团结、大联合、大共赢推向新高度。

依托遍布海内外的潮籍乡贤、社团、商会力量，根植于开放基因的汕头，正不断扩大融入对外交往的"朋友圈"。新征程上，汕头将深挖更多潮汕华侨文化元素，扩大传播覆盖面。同时，密切与国际潮团总会等海外华侨华人社团的交往，支持海外潮籍新生代社团发展，以侨为"媒"讲好汕头故事、共谋汕头发展新路径。

---

① 潮汕话，"有空来玩耍"或"有空来旅游"的意思。

尾章 / 四方潮涌　鮀城春隆

此时此刻,汕头这座古老又年轻的城市,有太多的故事正在讲述,有太多的梦想亟待照进现实。在中国式现代化建设中敢于斗争、敢于胜利的汕头,将给世人献上何等精彩故事?我们拭目以待!

后 记

汕头，这座被北回归线贯穿的城市，林、海、城交融，有山、有水，更有着千年潮汕文化积淀。改革开放以来，经济特区更成为他广受瞩目的标签。之所以选择汕头作为中国式现代化的一个观察样本，不仅是因为曾经偏僻落后的边陲小城如今已"变身"现代化花园式滨海城市，一系列的更新与蝶变背后正是中国式现代化筚路蓝缕奋进历程的生动缩影，更是因为今天的汕头马蹄声疾、新姿再展，正在为书写中国式现代化的汕头答卷而勇敢"闯"、奋力"创"、加油"干"。

一滴水中见大海，一粒沙中见世界。我们组织编写《瞰见特别——中国式现代化的汕头故事》一书，依循历史、当下与未来"三重奏"逻辑，将中国近代翻天覆地的现代化转型浓缩于这座城市的成长过程中。中国式现代化的汕头实践有许多生动的案例可供观照和借鉴。在本书撰写过程中，按照"五位一体"总体布局的框架，撷取汕头在全国影响较大、最具特色的发展因素搭建本书的总体结构，既体现汕头发展与新时代现代化发展的一致性，又体现汕头因地制宜、尊重客观实际发展的独特性，为大家提供了一个大视野、长时段的观察视角。

本书从策划、调研、撰写到付梓出版不到一年的时间，得益于国家行政学院出版社与中共汕头市委党校（市行政学院、市社会主义学院）紧密、有效的联系，多次线上讨论，定方向、定框架直至定稿；得益于撰写、审核文稿的同

后 记

志们长期在此领域的研究积累和实践探索。编委会带着"讲好汕头故事"的使命感，各成员单位主动沟通、深入交流、集思广益，扎实开展调研，广泛搜集资料。编写期间，编委会多次召开线下编写推进会以及线上协商会，确定了本书的主题、内容、篇章结构、风格体例、写作要求，三议提纲，十易其稿，通力协作完成编写工作。

全书内容共分为八章，各章撰写分工如下：序言、序章、尾章和后记由中共汕头市委党校（市行政学院、市社会主义学院）郑梦婕、许斯媛、周秘、陈欣琪撰写；第一章由市发展和改革局宋利臣、黄毅熠，市工业和信息化局黄壮楷、刘靖轩撰写；第二章由市委统战部李馥芝、李泽航撰写；第三章由市文化广电旅游体育局刘少民撰写；第四章由市生态环境局吴烁、谢洋涵撰写；第五章由市交通运输局李江撰写；第六章由市委政法委张锰、王镇永撰写。全书由郑梦婕、许斯媛、周秘、陈欣琪统稿。感谢大家的倾力付出！

广东省社会科学研究基地中共广东省委党校（广东行政学院）中国式现代化研究中心常务副主任、教授周峰，汕头市政府副秘书长马庆才，中共汕头市委网信办主任、宣传部副部长王晓韩等同志对本书的顺利出版提出了许多宝贵的意见和建议。相关单位和个人为本书提供大量精彩图片。国家行政学院出版社做了大量细致的编校工作。在此，一并表示感谢！

本书付梓出版之际，党的二十届三中全会成功召开，以习近平同志为核心的党中央站在新的历史起点对进一步全面深化改革、推进中国式现代化进行总动员总部署，为迎接中华民族伟大复兴再次吹响了全面深化改革的冲锋号。昨天，乘着改革开放春风而诞生的汕头经济特区已经抒写出中国式现代化的华彩篇章，让我们瞥见"特"别；今天，踏着进一步全面深化改革鼓点再出发的汕头经济特区必将继续抒写中国式现代化的时代新篇，"百载商埠""海滨邹鲁"的红头船故乡必将坚定地沿着中国式现代化发展航程"特"立前行。

由于编者学识、水平有限,再加上时间仓促,错误疏漏在所难免,敬请各位读者批评指正。

编著者
2024 年 7 月